김희진

YBM어학원, 간호사관학교, 한국화학연구원, 충남대학교를 거쳐 현재 카이스트(한국과학기술원, KAIST) 어학센터에서 영어를 가르치고 있다.

강의를 시작할 때마다 학생들에게 주문처럼 건네는 말이 있다. "이 수업을 통해 하나라도 얻어가는 게 있다면, 여러분의 하루는 성공한 거예요." 그리고 마법처럼, 이 한 마디 동기부여의 말로 학생들의 눈동자가 더 반짝이는 것을 발견하게 된다. 학생들의 열의에 찬 눈빛은 저자에게 일종의 에너지원이다. 그 열정 어린 눈을 보고 싶어서, 어떻게 하면 더 질 좋은 강의를 할지 매일 고민하고 연구한다.

이 책은 오늘 하루 더 멋진 인생을 살아내기 위해 애쓰는 이들의 당찬 눈빛을 응원하는 마음으로 집필했다. 좋은 신발이 더 멋진 곳으로 인도하듯이, 좋은 영어 문장에는 우리를 더 멋진 도약의 세계로 이끄는 힘이 있다. 이 책이 당신의 도약을 돕는 힘찬 응원의 메시지가 되기를!

구글
드라이브

네이버
카페

MP3 듣기 파일 다운로드

영어필사
© 김희진

초판 1쇄 인쇄 2025년 1월 22일
초판 1쇄 발행 2025년 2월 19일

지은이 김희진
펴낸이 박지혜

기획·편집 박지혜 **디자인** 강경신
제작 제이오

펴낸곳 (주)멀리깊이
출판등록 2020년 6월 1일 제406-2020-000057호
주소 경기도 파주시 회동길 37-20 202호
전자우편 murly@murlybooks.co.kr
전화 070-4234-3241 **팩스** 031-935-0601
인스타그램 @murly_books

ISBN 979-11-91439-60-1 13740

영어 필사

영혼을 단단하게 실력을 탄탄하게
카이스트 필사 영작문 130

김희진 지음

멀린기픽

여는 글

문장을 따라 적다 보면 어느새 그 문장에 담긴 감정과 의미가 내 안에 스며들기 시작합니다. 처음에는 단순히 글자를 따라 쓰는 것에 불과하지만, 시간이 지날수록 영어 문장이 가진 다양하고 새로운 표현들이 두렵지 않게 느껴집니다. 필사는 그저 언어를 배우는 방법이 아니라, 나를 들여다보고 성장하는 특별한 과정입니다.

10년 넘게 영어를 가르치며 필사의 진정한 힘을 더욱 깊이 경험해 왔습니다. 카이스트에서 영어 강의를 하며 확신하게 된 것은, 영어 학습이 단순히 언어 능력 향상에 그치는 것이 아니라 삶 속에서 스스로를 돌아보고 마음의 안정을 찾는 여정이 될 수 있다는 점이었습니다. 쓰는 사람마다 사용하는 영어의 표현은 무궁무진하며, 상상 그 이상입니다. 문장 하나에도 각자의 색깔이 묻어나고, 그 과정에서 우리는 더 깊이 자신을 이해하게 됩니다.

하루의 시작이나 끝에서 조용히 영어 문장을 따라 적는 일은 작은 성취와 여유를 안겨줍니다. 손끝에서 흘러나오는 글자 하나, 문장 하나가 마음을 정리하고 심리적인 안정감을 선사하지요. 반복되는 움직임 속에서 우리는 복잡한 생각을 차분하게 풀어내고, 문장 속에 담긴 감정과 의미를 천천히 되새기게 됩니다.

이 책을 통해 필사라는 특별한 경험을 독자들과 함께하고 싶습니다. 필사는 제게도 많은 변화를 가져다 주었고, 여러분에게도 잔잔한 위로와 따뜻한 감동을 전할 것입니다. 그리고 이 책이 카이스트 어학센터에서 이루어지는 영어 수업의 깊이와 성찰의 과정을 간접적으로 경험하는 기회가 되기를 바랍니다. 단순한 언어 학습을 넘어, 여러분의 내면에 깊이 남는 작은 쉼표가 되기를 진심으로 바랍니다.

25년 새해를 시작하며, 김희진

차례

Chapter 1.

The secret of getting ahead is
'getting started.'

전진하기 위한 비밀은
'시작하는 것'이다.

Mark Twain (마크 트웨인)

As this year began, what promises did you make to yourself? Have you been keeping them? The promises you make to yourself are just as important as those you make to others. Whether it's deciding to 'exercise for 10 minutes a day' or 'memorize 50 English words daily,' following through strengthens your self-respect and confidence. Don't let yourself down; you are worthy of seeing it through to the end.

올 한 해를 시작하며 당신은 자기 자신과 어떤 약속을 맺었는가? 그 약속을 제대로 지키고 있는가? 자신에게 하는 약속은 다른 사람들에게 하는 약속만큼이나 중요하다. '오늘부터 반드시 10분씩 운동하겠다'는 다짐을 하거나 '올해는 꼭 영어 단어를 매일 50개씩 외우겠다'는 결심을 하고 이를 지키면, 자기 존중감과 자신감도 강해진다. 자신을 실망시키지 말자. 당신은 끝까지 해낼 가치가 있는 존재다.

Important Expressions

follow through	계속 실천하다
self-respect	자기 존중
confidence	자신감
let down	실망시키다
worthy of	가치가 있는, ~할 만한
see it through to the end	끝까지 해내다

Date . .

As

To hold on to hope is to believe in the certainty of a new dawn. Hope is the light that flickers even in the darkest corners. It reminds us that no night is endless and no storm lasts forever.

희망을 붙잡는다는 것은 새로운 새벽이 올 것을 믿는 일이다. 희망은 가장 어두운 구석에서도 깜빡이는 빛이다. 그 빛은 우리에게 끝나지 않는 밤은 없고, 어떤 폭풍도 영원하지 않다는 것을 상기시킨다.

Important Expressions

new dawn _____ 새로운 새벽
flicker _____ 깜빡이다
darkest corners _____ 가장 어두운 구석
no night is endless _____ 어떤 밤도 끝나지 않다

010

Date　　　.　　.

To _____

_____
_____
_____
_____
_____
_____
_____
_____
_____
_____
_____
_____
_____
_____
_____
_____
_____
_____
_____
_____

☐　　　　　　　　　　　☐

☐　　　　　　　　　　　☐

☐　　　　　　　　　　　☐

There's a saying that every journey begins with tying your shoelaces. It's a message of hope that once you take the first step, the path will surely appear. Hope is the bridge between where you are and where you wish to be. It doesn't guarantee the journey will be easy, but it assures you that taking the first step is always worth it.

모든 길은 일단 신발끈을 묶는 것에서 시작한다는 말이 있다. 일단 시작하면 반드시 길이 있다는 희망의 주문이다. 희망은 당신이 있는 곳과 당신이 가고자 하는 곳을 잇는 다리다. 희망은 당신의 여정이 쉬울 것이라고 보장하지 않지만, 첫걸음을 내딛는 일은 언제나 가치 있다는 사실을 확신시켜 준다.

Important Expressions

bridge _____ 다리
where you wish to be _____ 당신이 가고 싶은 곳
guarantee _____ 보장하다
assure _____ 확실히 해주다, 확신시켜 주다
take the first step _____ 첫걸음을 내딛다

0 1 2

There's

□   □

□   □

□   □

Darkness is never eternal, and at the end of it, there is always a new beginning waiting. Hope is like the sunrise—quiet, steady, and certain. Even after the darkest nights, it appears, reminding us that every ending is a chance for a new beginning. Trust in the time of light that always returns.

어둠은 영원하지 않으며, 어둠이 끝나는 자리에 언제나 새로운 시작이 기다리고 있다. 희망은 마치 일출과 같다. 조용하고, 꾸준하며, 확실하다. 가장 어두운 밤 뒤에 떠올라, 그 어떤 끝도 새로운 시작의 기회임을 상기시킨다. 언제나 빛의 시간이 돌아온다는 것을 믿자.

sunrise	일출
certain	확실한
every ending	모든 끝
new beginning	새로운 시작

Darkness

☐   ☐

☐   ☐

☐   ☐

You don't need to have everything figured out to take the first step. Progress begins with action, no matter how small. The courage to start is often the most important step toward success.

첫걸음을 내딛기 위해 모든 것을 해결해 둘 필요는 없다. 진전은 작은 행동에서 시작되며, 때로는 시작하는 용기야말로 성공으로 가는 가장 중요한 첫걸음이 된다.

Important Expressions

figure out _____ 해결하다, 이해하다
progress _____ 진전
action _____ 행동
no matter how _____ 아무리 ~하더라도

Date   . .

You

There's a saying that the things you own eventually end up owning you.
Happiness isn't about having everything but appreciating what you have.
Gratitude turns what we have into enough, showing us that joy comes from
within, not from external possessions.

당신이 소유한 것들이 결국 당신을 소유하게 된다는 말이 있다. 행복은 모든 것을
소유하는 데서 오는 것이 아니라, 이미 가진 것에 감사하는 데서 시작된다. 감사는
우리가 가진 것만으로도 충분하다고 느끼게 해주며, 기쁨이 외부의 소유물이 아니
라 내면에서 온다는 것을 알려준다.

Important Expressions

there is a saying that _____ ~라는 말이 있다

end up ‑ing _____ 결국 ~하게 되다

appreciate _____ 감사하다

gratitude _____ 감사

external possessions _____ 외부 소유물

Date . .

There's
_____

☐   ☐

☐   ☐

☐   ☐

0 1 9

Before making an important decision, fear can creep in, making you question, 'Have I made the right choice?' In those moments, remind yourself 'I've overcome difficult situations before. Who I am today is proof of that.' Trust begins with yourself. When you learn to believe in your own decisions and have faith in your ability to handle life's ups and downs, it becomes easier to extend that trust to others. Self-trust is the foundation for all other relationships.

중요한 결정을 내리기에 앞서 '내가 내린 결정이 과연 옳은 것일까'라는 의문이 들며 두려움에 휩싸일 수 있다. 그럴 때마다 이렇게 생각하자. '나는 지금까지도 어려운 상황을 잘 이겨내 왔어. 오늘의 내가 그 증거야.' 신뢰는 자신에게서 시작된다. 스스로의 결정을 믿고, 인생의 기복을 다룰 수 있는 자신의 능력을 신뢰하기 시작할 때, 그 신뢰를 다른 사람에게도 확장하는 것이 쉬워진다. 자기 신뢰는 모든 다른 관계의 기반이다.

<table>
<tbody>
<tr><td>creep in _____</td><td>슬며시 들어오다</td></tr>
<tr><td>overcome difficult situations _____</td><td>어려운 상황을 극복하다</td></tr>
<tr><td>believe in _____</td><td>~을 믿다</td></tr>
<tr><td>life's ups and downs _____</td><td>인생의 기복</td></tr>
<tr><td>extend _____</td><td>주다, 베풀다</td></tr>
<tr><td>foundation _____</td><td>기초, 토대</td></tr>
</tbody>
</table>

Important Expressions

Before

☐   ☐

☐   ☐

☐   ☐

A truly strong person isn't the one who never falls, but the one who has the courage to stand up each time. Even when the urge to give up feels overwhelming, a truly strong person chooses to take one small step forward. Strength doesn't reveal itself loudly; it grows quietly within you with every challenge and obstacle you face. When you feel like you can't go on, remind yourself of all the times you've already risen above.

정말로 강한 사람은 넘어지지 않는 사람이 아니라, 넘어질 때마다 다시 일어설 용기를 내는 사람이다. 정말로 강한 사람은 포기하고 싶을 때조차 작은 한 걸음을 내딛는 선택을 한다. 힘은 스스로 드러나지 않는다. 당신이 직면한 모든 도전과 장애물을 극복할 때마다 당신 안에서 조용히 자라난다. 더 이상 나아갈 수 없다고 생각될 때, 이미 극복해 낸 모든 순간들을 떠올려라.

urge to _____	~하고 싶은 충동
reveal _____	드러나다
obstacle _____	장애물
remind _____	상기시키다
rise above _____	극복하다

A

The small efforts you make today will eventually rise like waves, shaping the course of your life. Every significant change begins with a single, simple step. Embrace the small wins and quiet progress, no matter how minor they may seem. With a heart that encourages me, let's create small but clear changes every day.

오늘의 작은 노력은 결국 파도처럼 일어나 당신의 삶의 방향을 만들어 갈 것이다. 모든 위대한 변화는 하나의 작은 행동에서 시작된다. 그러니 오늘 내가 해낸 작은 도전과 보잘것없어 보이는 성취를 자랑스럽게 생각하자. 나를 격려하는 마음으로 매일 작지만 분명한 변화를 만들어내자.

significant _____ 중요한

embrace _____ 받아들이다

minor _____ 미미한

Date . .

The _____

The journey of self-discovery is not about finding a new version of you, but reconnecting with who you truly are. Peel away the layers of doubt, fear, and insecurity, and you will find your authentic self.

자기 발견의 여정은 새로운 나를 찾는 것이 아니라, 진정한 나 자신과 다시 연결되는 과정이다. 의심과 두려움, 불안의 껍질을 벗겨내야 진짜 나 자신을 찾게 된다.

self - discovery _____ 자기 발견
reconnect _____ 다시 연결하다
peel away _____ 벗겨내다
doubt _____ 의심
authentic self _____ 진정한 자신

The

Learning becomes more effective and meaningful when one person's ideas meet another's insights, creating synergy. Don't hesitate to seek help or share your knowledge with others. Collective intelligence unlocks new possibilities that are difficult to achieve alone.

한 사람의 생각이 다른 사람의 통찰과 만나 시너지를 낼 때, 학습은 한층 더 효과적이고 의미 있어진다. 타인에게 도움을 요청하거나 자신의 지식을 나누는 것을 주저하지 말라. 집단 지성은 혼자서는 도달할 수 없는 새로운 가능성을 열어준다.

effective _____ 효과적인
synergy _____ 시너지
hesitate _____ 망설이다
collective intelligence _____ 집단 지성
unlock new possibilities _____ 새로운 가능성을 열다
achieve _____ 이루다, 성취하다

Date   .   .

Learning

☐   ☐

☐   ☐

☐   ☐

029

The easiest way to show someone they matter is with a simple greeting. Like plants, relationships thrive with care and attention. Grand gestures aren't necessary; a warm hello, a kind word, or even a brief smile can help maintain and strengthen the bond.

인사는 상대방에게 당신을 중요하게 생각하고 있다는 메시지를 전하는 가장 쉬운 방법이다. 모든 관계는 식물처럼 보살핌이 필요하다. 거창한 행동이 필요한 것도 아니다. 간단한 안부 인사나 따뜻한 말 한마디, 혹은 짧게 주고받는 미소가 관계를 이어가는 좋은 매개체가 된다.

greeting ————	인사
thrive ————	잘 자라다, 번창하다
care and attention ————	돌봄과 관심
grand gestures ————	거창한 몸짓
maintain ————	유지하다
bond ————	유대

Important Expressions

The

People say doubt kills more dreams than failure ever will. The biggest obstacle isn't lack of ability; it's the voice that questions if you're good enough. Opportunities open when you trust in your potential. Don't be the one to stand in the way of your own potential.

의심은 실패보다 더 많은 꿈을 죽인다는 말이 있다. 자기 의심은 우리의 잠재력을 제한하고, 앞으로 나아가지 못하게 만드는 가장 큰 장애물이다. 모든 기회는 가능성을 확신할 때 열린다. 스스로의 가능성을 제한하지 말라.

doubt _____ 의심
obstacle _____ 장애물
lack of ability _____ 능력 부족
voice that questions _____ 의심하는 목소리
stand in the way _____ 방해하다

People

☐ ☐

☐ ☐

☐ ☐

Life presents us with disappointments, failures, and moments that feel like dead ends. Yet, those hardships can never define you. Today's failure is just one scene in your life, not the whole story. Don't give up. Your story is still being written, and you are holding the pen. Your story isn't over until you win.

삶은 우리에게 실망과 실패, 그리고 막다른 길처럼 느껴지는 순간들을 선사한다. 하지만 그 고난들은 당신이 누구인지 결코 정의하지 못한다. 오늘의 실패는 당신 인생의 한 장면일 뿐, 당신 인생의 전체 이야기가 아니다. 포기하지 말자. 당신의 여정은 지금도 쓰이고 있고, 그 결말은 오직 당신의 선택에 달려 있다. 당신의 이야기는 승리할 때까지 끝나지 않는다.

disappointment _____ 실망
dead end _____ 막다른 길
hardship _____ 어려움
define _____ 정의하다

Life

☐   ☐

☐   ☐

☐   ☐

Life isn't a race. If you find yourself exhausted at the end of the day from keeping up with others, pause and consider not how fast you're going, but where you're headed. When we focus on our own direction, we can all be winners in our own race.

삶은 경주가 아니다. 오늘 하루도 타인과 속도를 경쟁하느라 녹초가 되어 혼자만의 공간에 들어섰다면, 이 순간 나의 속도가 아닌 내가 가려는 방향이 어디인지를 생각해 보자. 모두 다른 방향을 향해 달린다면 모두 자신만의 경주에서 승자가 될 수 있다.

exhausted _____ 지친

keep up with _____ ~에 뒤지지 않다

pause _____ 잠시 멈추다

consider _____ 고려하다

focus on _____ 집중하다

direction _____ 방향

Life

☐   ☐

☐   ☐

☐   ☐

Dreams guide you on the journey only you can take. They don't have to look like anyone else's, and they don't have to make sense to others. What matters is that they light a fire within you, a purpose that keeps you moving forward. Pursue your dreams with confidence, knowing that the only person who needs to believe in them is you.

꿈은 당신만이 갈 수 있는 여정으로 당신을 인도한다. 그 꿈은 다른 사람들의 꿈과 같을 필요도 없고, 다른 사람들에게 이해될 필요도 없다. 중요한 것은 그 꿈이 당신 안에 불을 지피고, 당신을 앞으로 나아가게 만드는 목적이 된다는 점이다. 당신의 꿈을 자신감을 가지고 추구하라. 그 꿈을 믿어야 할 유일한 사람은 바로 당신이라 는 것을 기억하라.

Dreams

☐   ☐

☐   ☐

☐   ☐

Life's beauty lies in its balance — in choosing joy over worry, understanding over judgment, gratitude over stress, and love over hatred. Each day presents us with these choices, small moments where we can shift our focus from what drains us to what fills us. It's in these simple choices that we find our path to a more meaningful and peaceful existence.

인생의 아름다움은 균형에 있다. 걱정 대신 기쁨을, 판단 대신 이해를, 스트레스 대신 감사를, 증오 대신 사랑을 선택하는 데 있다. 매일이 우리에게 이 같은 선택을 제시한다. 우리의 에너지를 소모시키는 것에서 우리를 채우는 것으로 초점을 옮길 수 있는 작은 순간들이다. 이런 단순한 선택들 속에서 우리는 더 의미 있고 평화로운 삶으로 가는 길을 발견한다.

judgment	판단
gratitude	감사
drain	지치게 하다

Life's

- [ ]
- [ ]
- [ ]

- [ ]
- [ ]
- [ ]

Chapter 2.

Sometimes carrying on, just carrying on,
is the superhuman achievement.

가끔은 그저 계속 나아가는 것도
엄청난 성취다.

Albert Camus (알베르 카뮈)

Many of life's failures happen when people give up, not realizing how close they were to success. It doesn't matter if you move slowly; as long as you don't stop, you will reach your goal.

삶에서 많은 실패는 성공에 얼마나 가까웠는지 깨닫지 못하고 포기한 사람들에게 일어난다. 얼마나 천천히 가는지는 중요하지 않다. 멈추지만 않는다면, 당신은 당신의 목표에 도달하게 될 것이다.

realize _____ 깨닫다

move slowly _____ 천천히 가다

Many

Every step forward in life, no matter how small, carries its own kind of heroism. The simple act of continuing, of placing one foot in front of the other when the path seems endless, becomes an extraordinary achievement. Like a quiet river that persistently carves through stone, the power isn't in the dramatic moments but in the steady flow of perseverance.

인생에서 나아가는 모든 걸음은, 아무리 작더라도 그만의 영웅적인 면을 지니고 있다. 길이 끝없이 느껴질 때도 한 발 한 발 내딛는 단순한 행위는 특별한 성취가 된다. 조용히 끊임없이 돌을 깎아내는 강물처럼, 그 힘은 극적인 순간이 아닌 꾸준한 인내의 흐름 속에 있다.

Important Expressions

heroism _____ 영웅적 행동

extraordinary achievement _____ 특별한 성취

persistently _____ 지속적으로

steady flow _____ 꾸준한 흐름

perseverance _____ 인내

046

Every

☐   ☐

☐   ☐

☐   ☐

Impossibilities are merely untapped possibilities. Failure is not the end but a path to uncovering possibilities; the true barriers lie within the fears we impose on ourselves. Step forward with confidence. The impossible is where your potential begins to breathe.

불가능이란 단지 아직 시도되지 않은 가능성일 뿐이다. 실패는 끝이 아니라 가능성을 확인하는 과정일 뿐, 진정한 한계는 우리가 스스로 만든 두려움 속에 있다. 믿음을 가지고 한 걸음 내딛자. 불가능은 당신의 가능성이 숨 쉬는 곳이다.

impossibility _____ 불가능

untapped possibilities _____ 개척되지 않은 가능성

path to uncovering _____ 밝혀내는 길

barriers _____ 장애물

potential _____ 잠재력

Impossibilities

☐   ☐

☐   ☐

☐   ☐

Avoiding risk may seem safe, but there is no growth in it. Meaningful goals often bring challenges and sometimes, it comes with risks. Courage isn't loud or dramatic. Sometimes, it's the quiet resolve to try again after failure or the simple act of taking one more step when you feel like giving up.

위험을 피하는 일은 안전해 보이지만, 그 속에 성장은 없다. 위대한 목표는 도전과 함께 찾아오고, 때로 위험을 동반한다. 용기는 요란하거나 극적이지 않다. 때로는 실패한 후에 다시 시도하려는 조용한 결심이거나, 모든 것을 포기하고 싶을 때 그저 한 걸음 더 내딛는 일이다.

avoid risk _____ 위험을 피하다

meaningful goals _____ 의미 있는 목표

uncertainty _____ 불확실성

resolve _____ 결단, 결심

Avoiding

☐   ☐

☐   ☐

☐   ☐

When life feels overwhelming, take a seat at your desk and quietly listen to the inner voice. Hope is the quiet voice that says, "You can try again," when everything feels heavy. When we listen to that voice, we come to understand that even the smallest step we take is still part of the process of growth.

삶이 버거울 때 일단 책상 앞에 앉아 고요히 내면의 목소리를 들어보자. 희망은 모든 것이 무겁게 느껴질 때 "다시 해볼 수 있어."라고 말하는 조용한 목소리다. 그 목소리에 귀 기울일 때, 우리가 내딛는 가장 작은 한 걸음조차 여전히 성장하는 과정이라는 것을 알게 된다.

feels overwhelming _____ 감당하기 힘들다

take a seat _____ 앉다

inner voice _____ 내면의 목소리

part of the process of growth _____ 성장 과정의 일부분

When

☐   ☐

☐   ☐

☐   ☐

Don't trap yourself in the need for others' approval. Success isn't defined by applause from others but by the quiet satisfaction of knowing you did your best. Celebrate small victories—they will pave the way to greater achievements.

타인의 인정이라는 덫에 스스로를 가두지 말라. 성공은 다른 사람들에게 박수 받는 것으로 정의되지 않으며, 내가 최선을 다했다는 조용한 만족감을 느끼는 것으로 충분하다. 작은 승리를 축하하자. 그 작은 승리가 더 큰 성취의 길을 열어줄 것이다.

trap yourself _____ 스스로 가두다

need for others' approval _____ 타인의 승인에 대한 필요

be defined by _____ ~에 의해 정의되다

applause _____ 박수

quiet satisfaction _____ 조용한 만족

pave the way _____ 길을 닦다

Don't
_____

☐ ☐

☐ ☐

☐ ☐

Try not to erase your pain but instead learn to coexist with it. Most importantly, try not to carry the burden alone—someone will always be there to help you share the load.

고통을 지우려고 하기보다, 고통과 공존하는 법을 배우라. 무엇보다 그 무게를 혼자 감내하려 하지 말자. 당신 곁에는 반드시 당신의 짐을 함께 들어줄 누군가가 존재한다.

erase the pain _____ 고통을 지우다
learning to coexist _____ 공존하는 법을 배우다

Try

☐　　　　　　☐

☐　　　　　　☐

☐　　　　　　☐

Dreaming isn't just about visualizing a better future; it's about taking the steps to create it. Each action, no matter how small, builds momentum. Challenges will come, but they're proof that you're moving forward. Don't fear failure—fear standing still. Growth happens when you dare to keep going despite the odds.

꿈을 꾸는 것은 단지 더 나은 미래를 상상하는 것만이 아니다. 그 꿈을 현실로 만들기 위한 단계를 밟아 나가는 일이다. 아무리 작은 행동이라도 그 행동이 추진력을 만든다. 도전은 찾아오겠지만, 그것은 당신이 앞으로 나아가고 있다는 증거다. 실패를 두려워하는 대신, 멈춰 서 있는 것을 두려워하라. 역경에도 불구하고 계속 나아갈 용기를 낼 때 성장할 수 있다.

Important Expressions

take the steps _____ 단계별로 실천하다

momentum _____ 추진력

proof _____ 증거

stand still _____ 가만히 서 있다

keep going _____ 계속 나아가다

despite the odds _____ 어려움에도 불구하고

Dreaming

☐   ☐

☐   ☐

☐   ☐

Courage and dreams are inseparable. It takes courage to dream big, and even greater courage to chase those dreams. You'll face doubts, setbacks, and fear, but remember, every great achievement once started as an idea. Believe in your ability to make it real, and let your courage lead the way.

용기와 꿈은 떼려야 뗄 수 없는 관계다. 크게 꿈꾸는 데는 용기가 필요하고, 그 꿈을 좇는 데는 더 큰 용기가 필요하다. 당신은 의심과 좌절, 두려움을 마주하게 될 것이다. 하지만 모든 위대한 성취는 한때 하나의 아이디어에서 시작되었다는 것을 기억하라. 그 성취를 현실로 만들 수 있는 당신의 능력을 믿고, 용기가 당신의 길을 이끌게 하라.

Important Expressions		
inseparable	_____	떼려야 뗄 수 없는
doubt	_____	의심
setback	_____	좌절
great achievement	_____	큰 성취
make it real	_____	현실로 만들다
lead the way	_____	길을 이끌다

060

Courage

☐   ☐

☐   ☐

☐   ☐

Our greatest strength always lies within us, and the most powerful force that makes our inner self strong is hope. It is a quiet, restorative power that propels us forward. Hope doesn't need loud declarations; it grows in the calm of our hearts, reminding us that every setback is followed by greater achievements.

언제나 가장 큰 힘은 우리 내면에 있다. 그리고 우리 내면을 강하게 하는 가장 강력한 힘은 희망이다. 희망은 우리를 앞으로 나아가게 하는 고요한 회복의 힘이다. 희망은 시끄러운 선언을 필요로 하지 않는다. 우리 마음속의 고요함 속에서 자라며, 모든 좌절 끝에 더 큰 성취가 따르리라는 것을 떠올리게 한다.

restorative power _____ 회복의 힘
propel _____ 앞으로 나아가게 하다
loud declarations _____ 시끄러운 선언
setback _____ 좌절

Our

☐ ☐

☐ ☐

☐ ☐

Hope isn't about ignoring reality but choosing to see beyond it. It's the quiet belief that tomorrow holds possibilities that today cannot yet reveal. Hope whispers, "Keep going," even when the path feels uncertain.

희망은 현실을 무시하는 것이 아니라, 그 너머를 보는 선택이다. 오늘이 아직 드러내지 않은 가능성을 내일이 가지고 있다는 조용한 믿음이다. 희망은 길이 불확실하게 느껴질 때도 "계속 나아가자"고 속삭인다.

Important Expressions

ignore reality _____ 현실을 무시하다
beyond it _____ 그 너머
hold possibilities _____ 가능성을 담고 있다
path feels uncertain _____ 길이 불확실하게 느껴지다

Hope

Let go of thoughts that wear you out, and focus on thoughts that help you grow stronger and more confident. Don't let the part of you that wants to give up take control. Instead, grant all the authority over your thoughts to the part of you that seeks to heal.

당신의 힘을 소모시키는 생각은 놓아버리고, 더 강해지게 하고 자신감을 키워주는 생각에 집중하라. 포기하려는 자신에게 주도권을 넘기지 말라. 대신 회복하려는 자신에게 모든 생각의 권한을 주라.

wear you out	당신을 지치게 하다
focus on	~에 집중하다
more confident	더 자신감 있는
take control	지배하다, 장악하다
grant	부여하다, 허락하다
authority	권위, 권한

Date   .   .

Let

☐   ☐

☐   ☐

☐   ☐

Does life sometimes feel like a storm? Do you feel as though you're surrounded by nothing but fierce, howling winds? Healing is finding peace in the chaos. It's learning to calm the storm within and to breathe through the uncertainty. Peace doesn't mean the absence of struggle; it means facing it with grace and patience.

삶이 폭풍처럼 느껴질 때가 있는가? 온통 휘몰아치는 거센 바람뿐이라고 느껴지는가? 치유는 혼란 속에서 평화를 찾는 일이다. 내면의 폭풍을 진정시키고 불확실성 속에서 숨쉬는 법을 배우는 일이다. 평화란 싸움이 없는 상태를 의미하는 것이 아니다. 그 싸움의 상태를 우아함과 인내심으로 마주하는 것을 뜻한다.

Important Expressions

as though _____ 마치 ~인 것처럼, 마치 ~인 듯이

fierce _____ 거친, 맹렬한, 무서운

howling winds _____ 거세게 몰아치는(울부짖는) 바람

calm the storm _____ 폭풍을 진정시키다

breathe through uncertainty _____ 불확실성 속에서도 숨을 쉬다

absence of struggle _____ 싸움의 부재

Does

☐   ☐

☐   ☐

☐   ☐

Sometimes, there comes a moment when you must relearn the most basic things, like how to breathe in and breathe out. When life needs realignment, inhale hope and exhale doubt. Remember, every breath is a gift of life. Healing doesn't require grand gestures. Rather, life heals in simple and small actions, much like a single deep breath.

때로 숨쉬는 법처럼 아주 기본적이라 여겨지는 것들을 다시 배워야 하는 순간이 온다. 인생을 정비해야 할 순간, 희망을 들이마시고 의심을 내뱉으라. 매 호흡이 생의 선물이라는 사실을 기억하라. 치유는 거창한 행동을 요구하지 않는다. 오히려 한 번의 깊은 숨결처럼 단순하고 작은 행동 속에서 삶은 치유된다.

Important Expressions		
breathe in	들이마시다
breathe out	내쉬다
realignment	재조정
inhale	들이마시다
exhale	내쉬다
grand gestures	거창한 몸짓

070

Sometimes,

☐
    ☐

☐
    ☐

☐
    ☐

All beautiful things are simple, and so is our heart. Let's remind ourselves that it's okay not to solve everything all at once. Simplifying complex thoughts and focusing only on the problems of this moment—this simple mindset is what makes our lives beautiful.

모든 아름다운 것들은 단순하다. 우리의 마음도 그렇다. 모든 것을 한꺼번에 해결하려 하지 않아도 괜찮다는 사실을 떠올리자. 복잡한 생각들을 단순하게 정렬하고, 지금 이 순간의 문제에만 집중하는 것, 이런 단순한 태도가 우리 삶을 아름답게 만든다.

solve everything ＿＿＿＿＿ 모든 것을 해결하다
all at once ＿＿＿＿＿ 갑자기, 모두 함께
simplify ＿＿＿＿＿ 단순화하다
mindset ＿＿＿＿＿ 태도, 마음가짐

All

☐   ☐

☐   ☐

☐   ☐

You don't need to hide your wounds or pretend they don't exist. Everyone has their own pain, their own scars, and their own stories that they carry quietly with them. Your wounds don't get to decide your worth or tell the full story of who you are. What really matters is what lies beyond those wounds—the part of you that chooses to heal, grow, and move forward. That's who you truly are.

당신에게 있는 상처를 숨기거나 없는 척할 필요가 없다. 모든 사람은 자신만의 고통, 흉터, 그리고 조용히 간직한 자신만의 이야기를 가지고 있다. 당신의 상처는 당신의 가치를 결정하거나, 당신이 누구인지에 대한 모든 이야기를 말하지 않는다. 진정 중요한 것은 상처 너머에 있는 당신이다. 치유하고, 성장하며, 앞으로 나아가기로 선택하는 그것이야말로 진정한 당신이다.

wound _____ 상처
scar _____ 흉터
decide your worth _____ 당신의 가치를 결정하다
move forward _____ 앞으로 나아가다

You

Many treat themselves as if confronting pain. But you are not your pain. You are something beyond it. Let go of the need to fix yourself, and choose to love yourself instead. Accept the broken and uneven parts, and trust that your worth is not shaped by those imperfections.

많은 사람이 흡사 고통을 마주하듯 자신을 대한다. 그러나 당신은 당신의 고통이 아니다. 당신은 그 고통을 넘어서는 무언가다. 스스로를 고치려는 노력을 멈추고 그저 사랑하라. 부서지고 모난 부분을 받아들이고 그 흠결이 당신의 가치를 정의하지 않는다는 사실을 신뢰하자.

confront _____ 직면하다

something beyond it _____ 그것을 넘어서 있는 것

let go of _____ ~을 놓다, 버리다

accept _____ 받아들이다

broken and uneven parts _____ 깨진 부분과 고르지 않은 부분

imperfections _____ 결점, 단점, 결함

Many

☐ ☐

☐ ☐

☐ ☐

Strength isn't something you're born with; it's something you build over time. It comes from weathering life's storms, learning from your struggles, and standing firm when the ground beneath you feels shaky. You might not always notice it, but every hard moment adds to the foundation of who you are, making you stronger than you were yesterday.

힘은 타고나는 것이 아니라, 시간이 지남에 따라 쌓아가는 것이다. 이는 인생의 폭풍을 견뎌내고, 고난에서 배움을 얻으며, 발 밑의 땅이 흔들릴 때도 굳건히 서 있는 데서 비롯된다. 언제나 알아채지 못할 수도 있지만, 모든 힘든 순간이 당신의 기반을 단단히 하고, 어제보다 더 강한 사람이 되게 만든다.

Important Expressions

build over time _____ 시간이 지나며 쌓다

weather life's storms _____ 삶의 폭풍을 견디다

learn from struggles _____ 어려움에서 배우다

stand firm _____ 굳건히 서다

add to the foundation _____ 기반에 더하다

Strength

☐   ☐

☐   ☐

☐   ☐

Real strength doesn't come from pretending everything is fine; it comes from admitting when it's not and choosing to keep going anyway. Some days, being strong might mean asking for help. Other days, it might mean giving yourself permission to rest. True strength is flexible, adapting to what you need to keep moving forward.

진정한 힘은 모든 것이 괜찮은 척하는 데서 오지 않는다. 괜찮지 않다는 것을 인정하고, 그럼에도 불구하고 계속 나아가기로 선택하는 데서 나온다. 어떤 날에는 도움을 요청하는 일이야말로 강하다는 것을 의미할 수도 있다. 또 다른 날에는 스스로에게 쉼을 허락해 주는 일을 의미할 수도 있다. 진정한 힘은 유연하며, 앞으로 나아가기 위해 필요한 것에 적응하는 것이다.

pretend everything is fine _____ 모든 것이 괜찮은 척하다
admitt when it's not _____ 괜찮지 않음을 인정하다
ask for help _____ 도움을 요청하다
permission to rest _____ 쉴 수 있는 허락
adapt to what you need _____ 당신이 필요한 것에 적응하다

Real

☐   ☐

☐   ☐

☐   ☐

A skilled sailor is not made by calm seas. Life uses challenges to shape us. If you've only traveled smooth waters, your potential may still lie dormant. The greatest opportunities arise in the face of storms. Dive in!

잔잔한 바다는 결코 능숙한 선원을 만들지 않는다. 도전은 삶이 우리를 가르치는 방식이다. 어려움 없이 편안한 길만 걸었다면, 당신의 잠재력은 여전히 잠들어 있을지 모른다. 폭풍을 마주할 때가 최대의 기회다. 뛰어들어라.

skilled	숙련된
potential	잠재력
dormant	잠자고 있는, 동면 중인
in the face of	~에 직면하여
dive in	~에 뛰어들다

Date　.　.

A

Every dream starts as a whisper in your heart, quiet but persistent. It's the voice that tells you there's more to life than what you see now. Listening to that voice requires bravery, as chasing dreams often means stepping into the unknown. But the unknown is where possibilities live. Trust in your journey, and remember that the only way to fail is to stop trying.

모든 꿈은 당신의 마음속에서 속삭이는 작은 목소리로 시작된다. 조용하지만 끊임없이 지속되는 목소리. 그 목소리는 지금 당신이 보는 것 이상의 삶이 있다는 것을 알려준다. 그 목소리를 듣는 데는 용기가 필요하다. 왜냐하면 꿈을 좇는 것은 종종 미지의 세계로 발을 내딛는 것을 의미하기 때문이다. 하지만 미지의 세계야말로 가능성이 존재하는 곳이다. 당신의 여정을 믿으라. 그리고 멈추는 것만이 실패라는 사실을 기억하라.

Important Expressions

whisper _____ 속삭임
persistent _____ 지속적인
there's more to life _____ 삶에 더 많은 것이 있다
step into _____ ~로 나아가다, 들어가다
unknown _____ 미지의

Date　　.　　.

Every

☐　　　　　　　☐

☐　　　　　　　☐

☐　　　　　　　☐

Stress often comes from the tension between where we are and where we think we should be. It's like trying to be in two places at once—your body here, but your mind striving to be somewhere else. This gap between reality and desire creates a constant strain that pulls us away from experiencing the richness of the present moment.

스트레스는 종종 우리가 있는 곳과 우리가 있어야 한다고 생각하는 곳 사이의 긴장에서 온다. 마치 두 곳에 동시에 있으려고 하는 것과 같다. 몸은 여기 있지만 마음은 다른 곳에 있으려 한다. 현실과 욕망 사이의 이 간격은 우리를 현재 순간의 풍요로움을 경험하는 데서 멀어지게 만드는 지속적인 긴장을 만든다.

where + 주어(A) + 동사(B) _____ A가 B하는 곳

strive to _____ ~하려고 노력하다

gap between reality and desire _____ 현실과 욕망 사이의 간극

strain _____ 긴장

Stress

□ □

□ □

Chapter 3.

I have not failed.
I've just found 10,000 ways that won't work.

나는 실패한 것이 아니다.
단지 작동하지 않는 1만 가지 방법을 찾아냈을 뿐이다.

Thomas Edison (토머스 에디슨)

040

"What doesn't kill us makes us stronger," Nietzsche once said. Though hardships and struggles bring pain, they also build resilience when we face and overcome them. The key lies in our attitude toward adversity. When life presents difficulties, let's think of it as gaining one more tool to make life stronger.

"우리를 죽이지 못하는 것은 우리를 더 강하게 만든다." 니체가 한 말이다. 고난과 역경은 고통스럽지만, 그것을 마주하고 이겨낼 때 우리 삶은 더 견고해진다. 중요한 것은 고난을 대하는 우리의 태도다. 삶에 곤경이 찾아올 때, 삶을 더 강하게 만드는 도구가 하나 더 생겼다고 생각하자.

hardship _____ 고난

face and overcome _____ 직면하고 극복하다

attitude toward adversity _____ 역경에 대한 태도

"What

☐
☐
☐

☐
☐
☐

No one is fearless in the face of failure. But failure isn't the end—it's just a pause. Take a moment to catch your breath and reflect on what you've learned. When you rise again, you'll find yourself stronger. Maybe failure is just another name for growth.

실패 앞에서 두려워하지 않는 사람은 없다. 하지만 실패는 끝이 아니다. 그저 잠시 멈춰 있는 것뿐이다. 잠깐 숨을 고르고 당신이 배운 것에 대해 생각해 보라. 다시 일어설 때, 당신은 더 강해져 있을 것이다. 어쩌면 실패는 성장의 다른 이름일지도 모른다.

fearless	두려움이 없는
just a pause	단지 잠시 멈춤
reflect on	~을 되돌아보다
rise again	다시 일어서다
growth	성장

No

Only the person who has fallen can rise again. Resilience is the ability to stand tall when life feels heavy. It's not just the strength to pretend everything is fine. The simple act of getting up again and again from a fall is what true resilience is.

오직 넘어진 사람만이 다시 일어설 수 있다. 회복력은 인생이 무겁게 느껴지는 순간 우뚝 서는 능력이다. 단순히 괜찮은 척하는 힘이 아니다. 넘어진 상황에서 몇 번이고 다시 일어나는 그 단순한 행동이 바로 진정한 회복력이다.

Important Expressions

rise again _____ 다시 일어나다
resilience _____ 회복력
stand tall _____ 당당하게 서다
pretend everything is fine _____ 모든 게 괜찮은 척하다

The

☐　　　　　　　　　☐

☐　　　　　　　　　☐

☐　　　　　　　　　☐

The greatest lessons often come from the toughest challenges. Embrace every obstacle as an opportunity to grow, and you'll find that each struggle has shaped you into someone stronger.

가장 큰 교훈은 때로 가장 힘든 도전에서 온다. 모든 장애물을 성장할 기회로 받아들이자. 그러면 각각의 고난이 당신을 더 강하게 만든다는 사실을 알게 될 것이다.

greatest lessons _____ 가장 큰 교훈

toughest challenges _____ 가장 힘든 도전

obstacle _____ 장애물

opportunity _____ 기회

struggle _____ 고난

The
_____

☐   ☐

☐   ☐

☐   ☐

"Man is not made for defeat. A man can be destroyed but not defeated."
Hemingway's words reflect the unyielding power of human will. The old man
faced the mighty marlin, representing life's great challenges; in the end, he
returned empty-handed, but his appearance was anything but humble. His
journey, not the outcome, was proof of his victory. Let us remember; when
we give our all, our very existence becomes a symbol of triumph.

"인간은 패배하도록 만들어지지 않았다. 파괴될 수는 있어도 패배하지 않는다." 헤
밍웨이의 이 말은 인간의 의지가 얼마나 강렬한지를 보여준다. 노인은 청새치라는
거대한 삶의 문제를 만나 최선을 다했고, 결국 빈손으로 돌아왔으나 그의 모습은
결코 초라하지 않았다. 결과가 아니라, 노인의 여정 자체가 이미 승리의 증거였다.
최선을 다했다면, 우리의 존재 자체가 승리의 증거라는 사실을 기억하자.

Important Expressions

defeat _____ 패배, 패배시키다
unyielding power _____ 굴복하지 않는 힘
human will _____ 인간의 의지
mighty _____ 강력한
marlin _____ 마를린 (청새치류의 큰 물고기)

098

"Man

☐   ☐

☐   ☐

☐   ☐

Trust your own process, even when nothing seems to be happening. In those moments of stillness, change is already taking shape within you. Healing is a lot like the slow, steady growth of a tree. Without even noticing, its roots dig deeper into the soil, and its branches quietly reach toward the sunlight.

아무 일도 일어나지 않는 것처럼 보여도, 스스로의 과정을 믿으라. 그 고요함의 순간들 속에서 변화는 이미 당신 안에서 형태를 이루고 있다. 치유는 나무가 느리고 꾸준히 성장하는 것과 많이 닮아 있다. 알아차리지 못한 순간에도 그 뿌리는 더 깊이 땅속으로 뻗고, 가지는 조용히 햇빛을 향해 나아간다.

trust process _____ 과정을 믿다
take shape _____ 형태를 이루다
slow, steady growth _____ 느리고 꾸준한 성장
roots dig deeper _____ 뿌리가 더 깊이 뻗다

Date . .

Trust
_____

_____
_____
_____
_____
_____
_____
_____
_____
_____
_____
_____
_____
_____
_____
_____
_____
_____
_____
_____
_____
_____

☐   ☐

☐   ☐

☐   ☐

We cannot avoid wounds, but with that being said, the process of healing them makes us stronger. Healing requires patience. It's about giving yourself the grace to rest, the courage to face your wounds, and the time to rebuild. Remember, the most beautiful things often take the longest to grow.

상처를 피할 수는 없어도, 상처를 치유하는 과정은 우리를 더 단단하게 만든다. 치유는 인내를 필요로 한다. 치유란, 스스로에게 쉴 여유를 주고, 상처를 마주할 용기를 가지며, 재건할 시간을 허락하는 일이다. 가장 아름다운 것들은 종종 가장 오랜 시간이 걸린다는 것을 기억하자.

Important Expressions		
with that being said	_____	그렇기는 하지만, 그럼에도 불구하고
require patience	_____	인내를 필요로 하다
grace to rest	_____	쉴 여유
courage to face wounds	_____	상처를 마주할 용기
rebuild	_____	재건하다
take the longest to grow	_____	커지는 데 가장 오래 걸리다

We

☐　　　　　　　☐

☐　　　　　　　☐

☐　　　　　　　☐

Every challenge you face shapes you into someone stronger. It's not about avoiding difficulties but learning to grow through them. Remember, even storms leave behind clear skies.

당신이 마주하는 모든 도전은 당신을 더 강한 사람으로 만들어준다. 어려움을 피하는 것이 아니라, 그것을 통해 성장하는 법을 배우라. 폭풍 뒤에는 항상 맑은 하늘이 온다는 것을 기억하라.

challenge _____ 도전
shape _____ 형성하다
clear skies _____ 맑은 하늘

Every

☐   ☐

☐   ☐

☐   ☐

Grow gently, like a tree. Let your growth be quiet and steady, unnoticed at times, but unwavering. With time, your roots will anchor deeper, and your branches will stretch toward the light. Trust in your journey. Even when it's not visible, know that you are growing in every moment.

나무처럼 부드럽게 성장하자. 느리고 꾸준하며, 눈에 띄지 않지만 확실하게 성장하자. 시간이 지날수록 뿌리는 깊어지고 가지는 빛을 향해 뻗어 나갈 것이다. 당신의 과정을 믿으라. 눈에 보이지 않는 모든 순간, 당신은 성장하고 있다는 사실을 기억하라.

Important Expressions		
unnoticed	_____	눈에 띄지 않는
unwavering	_____	흔들리지 않는
anchor	_____	닻을 내리다
anchor deeper	_____	더 깊이 뿌리를 내리다
branch	_____	가지
stretch toward the light	_____	빛을 향해 뻗다

Grow

☐   ☐

☐   ☐

☐   ☐

Study smart, not long. It's not about how long you sit there with your books — it's about how you use the time. Break things down into smaller tasks, and focus on actually understanding what you're learning, not just checking it off a list. A few hours of focused, intentional work will always get you further than a day of distracted cramming.

오래 공부하지 말고, 현명하게 공부하라. 책을 들고 얼마나 오래 앉아 있느냐가 아니라 시간을 어떻게 사용하는지가 중요하다. 해야 할 일을 더 작은 과제로 나누고, 단순히 목록을 체크하는 것이 아니라 실제로 배우는 것을 이해하는 데 집중하라. 집중적이고 의도적인 몇 시간의 작업이 산만한 벼락치기를 하루 종일 하는 것보다 항상 더 나은 결과를 가져올 것이다.

Study

There are days when finding motivation feels impossible, especially when you're exhausted or overwhelmed. In those moments, take a step back and remind yourself why you're doing this. Studying isn't just about chasing grades—it's a tool about getting closer to the life you've been dreaming of. Keep those dreams in the front of your mind, and let them pull you through when the work gets tough.

가끔은 동기를 찾는 일이 불가능하게 느껴지는 날도 있다. 특히 지치거나 압도될 때 더 그렇다. 그런 순간에는 한 걸음 물러서서 왜 이 일을 하고 있는지 자신에게 상기시키라. 공부는 단순히 점수를 쫓는 것이 아니라, 당신이 꿈꿔온 삶에 더 가까워지는 도구다. 그 꿈을 마음속에 간직하고, 일이 힘들어질 때마다 당신의 꿈이 당신을 이끌도록 하라.

Important Expressions

find motivation _____ 동기를 찾다
exhausted or overwhelmed _____ 지치거나 압도된
take a step back _____ 한 걸음 물러서다
chase grades _____ 점수를 쫓다
pull you through _____ 당신을 이끌다

110

There

☐   ☐

☐   ☐

☐   ☐

When it comes to studying, there's an important mindset to remember. Treat yourself with kindness and believe that your efforts will reward you in ways you can't yet foresee. Studying isn't a race for immediate results; it's a journey shaped by steady, continuous effort. Don't hope for instant success like winning the lottery; instead, make progress step by step each day.

공부를 하는 데 있어 명심해야 하는 자세가 있다. 스스로에게 친절하게 대하고, 당신의 노력이 아직은 상상할 수 없는 방식으로 보답받을 것이라고 믿는 것이다. 공부는 단기적인 성과를 위한 경주가 아니라 지속적인 노력을 통해 일구는 하나의 여정이다. 마치 복권에 당첨되듯이 한 번에 큰 성과를 낼 수 있으리라 기대하지 말고, 매일 조금씩 나아가라.

Important Expressions

mindset	사고방식
reward	보상하다
foresee	예견하다
continuous effort	지속적인 노력
instant success	즉각적인 성공
make progress step by step	한 걸음씩 진전하다

When

☐   ☐

☐   ☐

☐   ☐

Dreams are beautiful not for their perfection, but for the possibilities they inspire. Dreams are meant to grow, change, and evolve with you. They are the spark that ignites your ambition and the light that guides you through the darkest days. Cherish your dreams—they are the truest reflection of your heart's desires.

꿈이 아름다운 이유는 그것이 완벽하기 때문이 아니라, 그것이 영감을 주는 가능성이기 때문이다. 꿈은 당신과 함께 성장하고, 변화하며, 진화하도록 만들어졌다. 그 꿈들은 당신의 야망에 불을 붙이는 불꽃이며, 가장 어두운 날들 속에서도 당신을 인도하는 빛이다. 당신의 꿈을 소중히 여기라. 그 꿈들은 당신 마음의 진정한 열망을 반영하는 거울이다.

Important Expressions

evolve _____ 진화하다
ignite _____ 점화하다
ambition _____ 야망
reflection _____ 반영

114

Dreams

☐   ☐

☐   ☐

☐   ☐

You don't always recognize your own strength until you're in the middle of a burning fire. It's in those moments when you feel like giving up but decide to try again anyway. That's when your true strength is revealed. Every setback you face is an opportunity to discover just how resilient you truly are.

화염 속 한가운데 떨어지기 전까지는 당신이 얼마나 강한 사람인지 깨닫기 어려울 수 있다. 포기하고 싶지만, 그럼에도 불구하고 다시 시도하기로 결정하는 바로 그 순간에 당신의 강함이 드러난다. 당신이 마주하는 모든 좌절은 당신이 얼마나 회복력이 강한 존재인지를 발견할 기회가 된다.

recognize	인식하다
burning fire	불타는 화염
feel like ‐ing	~하고 싶다
setback	좌절, 실패
resilient	회복력 있는

You

☐   ☐

☐   ☐

☐   ☐

Dreams are like seeds; they grow into realities when nurtured with care. To dream is to plant possibilities in the soil of your mind, nurturing them with effort, belief, and resilience. The road to fulfilling a dream is rarely straight or easy—it's a journey full of twists, setbacks, and doubts. But every step forward, no matter how small, moves you closer to the extraordinary life you envision. Dare to dream boldly, for the courage to dream big fuels the courage to take action.

꿈은 씨앗과 같다. 정성껏 키우면 현실로 자라난다. 꿈을 꾼다는 것은 마음의 땅에 가능성을 심고, 노력과 믿음, 회복력으로 그것을 키우는 일이다. 꿈을 이루는 길은 결코 직선적이거나 쉬운 길이 아니다. 굽이와 좌절, 의심으로 가득 찬 여정이다. 하지만 앞으로 내딛는 한 걸음 한 걸음은 아무리 작더라도, 당신이 상상하는 특별한 삶에 더 가까워지게 해준다. 크게 꿈꾸는 용기를 가지라. 큰 꿈을 꾸는 용기는 행동으로 옮길 용기를 북돋아준다.

nurtur with care _____ 세심하게 돌보다

fulfill a dream _____ 꿈을 이루다

twists _____ 변화, 굴곡

every step forward _____ 앞으로 나아가는 모든 걸음

dare to dream boldly _____ 감히 대담하게 꿈을 꾸다

Date . .

Dreams

☐   ☐

☐   ☐

☐   ☐

When we face obstacles in life, we discover something remarkable within ourselves — untapped reserves of strength and resilience we never knew existed. Like a deep well that only reveals its depth when we draw from it, our inner resources often remain hidden until challenges call them forth. Every obstacle we encounter isn't just a test of our current strength, but an invitation to discover new dimensions of our capability.

인생에서 장애물을 마주할 때, 우리 안에 숨겨져 있던 놀라운 것들, 즉 우리가 전혀 몰랐던 힘과 회복력의 저장소를 발견하게 된다. 마치 물을 퍼올릴 때 깊이를 알 수 있는 깊은 우물처럼, 우리의 내면 자원은 도전이 불러낼 때까지 숨겨져 있다. 우리가 만나는 모든 장애물은 단순히 현재 우리의 힘을 시험하는 것이 아니라, 우리의 능력의 새로운 차원을 발견하라는 초대장이다.

Important Expressions

untapped _____ 개척되지 않은, 누구도 건드리지 않은
reserves _____ 비축물, 자원
reveal _____ 드러내다
call forth _____ 이끌어내다
new dimensions of capability _____ 능력의 새로운 차원

120

When

☐　　　　　☐

☐　　　　　☐

☐　　　　　☐

Failure signals a chance to start anew, armed with greater wisdom. And that bell whispers to us, 'This time, more wisely.' Henry Ford's words completely changed our view of failure. Failure isn't as scary as we think. Rather, it's a teacher that helps us grow, a compass that leads us to a better tomorrow. We fear failure because we think of it as an 'end.' But failure isn't the end. It's a new beginning. It's an opportunity to try again with greater wisdom. The bitterness of failure is temporary, but the lessons we learn from it stay with us for life.

실패는 더 큰 지혜를 가지고 새롭게 시작할 기회를 알리는 신호이다. 그리고 그 종은 우리에게 이렇게 속삭인다. '이번에는 더 현명하게.' 헨리 포드의 이 말은 실패에 대한 우리의 시각을 완전히 바꿔놓았다. 실패는 우리가 생각하는 것처럼 무서운 것이 아니다. 오히려 우리가 성장하도록 돕는 스승이자, 더 나은 내일로 이끄는 나침반이다. 우리는 실패를 '끝'이라고 생각하기 때문에 두려워하지만, 실패는 끝이 아니라 새로운 시작이다. 더 큰 지혜를 가지고 다시 도전할 기회이다. 실패의 쓴맛은 일시적이지만, 그로부터 배우는 교훈은 평생 우리와 함께한다.

Important Expressions

chance to start anew		새롭게 시작할 기회
view of failure		실패에 대한 관점
new beginning		새로운 시작
bitterness	쓴맛	
temporary	일시적인	

Failure

☐   ☐

☐   ☐

☐   ☐

Chapter 4.

It is not the load that breaks you down,
it's the way you carry it.

우리를 무너뜨리는 것은 짐의 무게가 아니라,
그 짐을 다루는 방식이다.

Lou Holtz (루 홀츠)

057

Happiness isn't dictated by external events but by the lens through which we choose to view them. By focusing on the silver linings in even the toughest times, we cultivate an inner fortitude that helps us endure and thrive. True contentment arises from embracing who we are and valuing our journey, rather than measuring ourselves against external benchmarks.

행복은 외부의 사건들에 의해 좌우되는 것이 아니라, 우리가 그것들을 바라보는 관점에 따라 결정된다. 가장 어려운 순간에도 희망의 빛을 찾아 집중함으로써, 우리는 견디고 번영할 수 있는 내면의 강인함을 기른다. 진정한 만족은 우리 자신을 받아들이고 우리의 여정을 소중히 여기는 데서 오지, 외부의 기준에 우리를 맞추는 데서 오지 않는다.

dictate _____ ~을 좌우하다, ~에 영향을 받다

lens _____ 렌즈, 여기서는 은유적으로 사용되어 '관점'을 의미

silver lining _____ 희망의 빛

fortitude _____ 강인함

benchmark _____ 기준

Happiness

☐

☐

☐

☐

☐

☐

Life is not linear. There will be days when you feel like you've moved backward, but you have to trust that the setbacks are part of the journey and remember that every fall teaches you how to rise stronger.

삶은 직선이 아니다. 때로는 뒷걸음질친 것처럼 느껴지는 날도 있을 것이다. 그러나 좌절도 여정의 일부라는 것을 믿어야 한다. 모든 넘어짐이 당신에게 더 강하게 일어서는 법을 가르친다는 점을 기억하라.

Important Expressions

linear _____ 직선적인
move backward _____ 뒤로 움직이다
setback _____ 좌절
rise stronger _____ 더 강하게 일어서다

Life

☐   ☐

☐   ☐

☐   ☐

In the face of hope, pain can sometimes become a gift. Hope cannot eliminate pain, but it gives meaning and purpose to our suffering. It teaches us that even in the darkest moments, there's a chance to find light again.

희망 앞에서 고통은 때로 선물이 된다. 희망은 고통을 없앨 수는 없지만, 우리의 고통에 의미와 목적을 부여한다. 가장 어두운 순간에도 다시 빛을 찾을 기회가 있다는 것을 일깨워준다.

eliminate pain _____ 고통을 없애다
give meaning and purpose _____ 의미와 목적을 부여하다
find light again _____ 다시 빛을 찾다

In

Just because someone fails to recognize your worth doesn't make you any less valuable. Your value is not determined by others' opinions but by how you see yourself. Self-worth comes from within; built by the respect and love you show yourself every day.

누군가 당신의 가치를 알아보지 못한다고 해서 당신의 가치가 줄어드는 것은 아니다. 당신의 가치는 다른 사람들의 의견으로 결정되지 않는다. 자신을 스스로 어떻게 보느냐에 달려 있다. 자기 가치는 내면에서 비롯되며, 매일 자기 자신에게 보이는 존중과 사랑을 통해 쌓여간다.

Important Expressions

value _____ 가치
determine _____ 결정하다
opinion _____ 의견
self-worth _____ 자기 가치
respect _____ 존중

1 3 2

Just
_____

_____

_____

_____

_____

_____

_____

_____

_____

_____

_____

_____

_____

_____

_____

_____

_____

_____

_____

_____

_____

_____

_____

☐   ☐

☐   ☐

☐   ☐

How we respond to the stress we are having is what affects us, not the stress itself. While we can't control external events, we can control how we manage ourselves.

우리에게 영향을 미치는 것은 스트레스 자체가 아니라 우리가 겪는 스트레스에 대한 우리의 반응이다. 우리는 외부에서 일어나는 일을 통제할 수 없지만, 우리 자신을 어떻게 관리할지는 통제할 수 있다.

Important Expressions

respond to _____ ~에 반응하다
affect _____ 영향을 미치다
external events _____ 외부 사건들
control _____ 통제하다
manage _____ 관리하다

Date   .   .

How

Your scars tell the story of where you've been—a reflection of both pain and resilience. They are reminders of the struggles you've endured and the strength it took to overcome them. Don't shy away from your scars. Instead, look at them and say, "This is proof that I didn't give up." Let them stand as symbols of your courage and perseverance.

당신의 흉터는 당신이 지나온 길을 이야기하는 것이다. 고통과 회복이 담긴 흔적이다. 그 흉터는 당신이 겪어온 고난과 이를 이겨내기 위해 들였던 힘을 상기시키는 것이다. 당신의 흉터를 숨기지 말아야 한다. 대신, 흉터를 바라보며 이렇게 말해야 한다. "이것은 내가 포기하지 않았다는 증거이다." 그 흉터들이 당신의 용기와 인내의 상징으로 남기를.

Important Expressions		
reminder	_____	상기시키는 것
struggle	_____	고난
overcome	_____	극복하다
shy away	_____	피하다

136

Date　　.　.

Your

☐　　　　　　　　☐

☐　　　　　　　　☐

☐　　　　　　　　☐

You don't need grand events or extraordinary effort to prove that you are a strong person. Sometimes, it's as plain as getting out of bed on a hard day or as subtle as choosing kindness when anger would be easier. True strength is not about proving anything to the world—it's about proving to yourself that you can handle more than you think.

당신이 강한 사람이라는 것을 보여주기 위해 대단한 사건이나 노력이 필요한 것이 아니다. 때로는 힘든 날 침대에서 일어나는 것만큼 단순할 수도 있고, 화를 내는 것이 더 쉬울 때 친절을 선택하는 것만큼 부드러울 수도 있다. 진정한 강함은 세상에 무언가를 증명하는 것이 아니라, 자신에게 당신이 생각보다 더 많은 것을 해낼 수 있다는 것을 증명하는 일이다.

extraordinary _____ 특별한

prove _____ 증명하다

get out of bed _____ 침대에서 일어나다

subtle _____ 미묘한

true strength _____ 진정한 힘

more than you think _____ 당신이 생각한 것보다 더

You

☐ ☐

☐ ☐

☐ ☐

Learning is a process of trial and error. It's okay to make mistakes—they're a natural part of growth. When facing difficulties in solving a problem, see the situation not as a failure, but as a challenge. Each time you push through the hard moments, you're building not just simply your knowledge but also your resilience.

배움은 시행착오의 과정이다. 실수를 해도 괜찮다. 그것은 성장의 자연스러운 일부이다. 어떤 문제를 해결하는 데 어려움을 느낄 때, 그 문제상황을 실패가 아닌 도전으로 바라보자. 어려운 순간을 극복할 때마다, 단순히 (문제를 해결하는) 지식뿐만 아니라 회복력을 키우게 될 것이다.

trial and error	시도와 오류
face difficulties	어려움에 직면하다
push through	~을 극복하다
build resilience	회복력을 키우다

Learning

☐   ☐

☐   ☐

☐   ☐

Life evolves through constant movement and change. Change is the only constant in life. Instead of resisting it, learn to adapt and find the beauty in every new beginning. Growth happens when you step outside your comfort zone.

삶은 끊임없는 움직임과 변화를 통해 성장한다. 변화는 인생에서 유일하게 변하지 않는 것이다. 변화에 저항하는 대신, 적응하는 법을 배우고 새로운 시작 속에서 아름다움을 찾아보자. 성장은 편안함의 영역을 벗어날 때 일어난다.

evolve _____ 발전하다, 진화하다
constant _____ 끊임없는; 변하지 않는 것
adapt _____ 적응하다
growth _____ 성장
comfort zone _____ 편안함의 영역

Life

☐   ☐

☐   ☐

☐   ☐

Anger can be a challenging emotion, but how we manage it can lead to personal growth. In moments of intense anger, pausing to understand why we feel this way is more important than reacting immediately. A person who manages their anger well gives the impression of being trustworthy and someone you can rely on.

분노는 다루기 어려운 감정이지만, 분노를 다루는 방식에서 개인적인 성장의 기회가 생긴다. 감정이 격해진 순간, 일단 내지르기보다는 왜 이처럼 화가 나는지를 이해해야 한다. 분노를 잘 다루는 사람이야말로 상대에게 믿을 수 있고 함께할 수 있는 사람이라는 인상을 준다.

personal growth _____ 개인적 성장

pause _____ 잠시 멈추다

immediately _____ 즉시, 즉각적으로

trustworthy _____ 신뢰할 수 있는, 믿을 만한

rely on _____ ~에 의지하다, ~을 신뢰하다

Anger

☐   ☐

☐   ☐

☐   ☐

Hope cannot erase suffering, but it can give meaning to it. It allows us to endure because we believe there is something better ahead. Hope is the guiding lantern that shines brightly, even when we can't see the end of the tunnel.

희망이 고난을 없앨 수는 없지만, 희망에 의미를 부여할 수는 있다. 더 나은 무언가가 기다리고 있다는 믿음 때문에 우리로 하여금 견딜 수 있게 한다. 희망은 터널의 끝이 보이지 않을 때도 길을 밝히는 등불이다.

Important Expressions

erase suffering _____ 고통을 없애다
give meaning _____ 의미를 부여하다
endure _____ 견디다

146

Hope

☐   ☐

☐   ☐

☐   ☐

Courage isn't the absence of fear. It's the decision to move beyond fear for something more important. Courage exists in every leap of faith, every tough conversation, and every time you stand firm for what you believe; even when it feels uncomfortable. Therefore, what you need when facing a challenge is not the absence of fear. What you need is a purpose and belief strong enough to push through it.

용기란 두려움이 없는 상태가 아니다. 그보다 더 중요한 일을 위해 두려움을 넘어서기로 결심하는 일이다. 용기는 모든 믿음의 도약, 모든 어려운 대화, 그리고 불편함 속에서도 당신이 믿는 것을 위해 일어서는 모든 순간에 존재한다. 그러므로 도전 앞에서 망설이는 당신에게 필요한 것은 두려움의 부재가 아니다. 그 두려움을 이길 만큼 강한 목표와 믿음이다.

absence of fear	두려움이 없는 상태
move beyond	~너머로 이동하다
leap of faith	믿음의 도약
push through	~을 극복하다

Date　　.　.

Courage

☐　　　　　　　☐

☐　　　　　　　☐

☐　　　　　　　☐

Imagine planting a small seed in your heart. The soil may seem dry and unforgiving at first, but with steady care—watering, tending, and nurturing—it increases the chance of one day breaking through the surface. Hope shines brightest in moments that seem impossible. Certain hope is no longer hope at all—flowers bloom even in the harshest deserts. Trust in their bloom, and walk forward on the path where flowers grow.

우리 마음에 작은 씨앗을 한 알 심었다고 상상하자. 당장은 흙이 척박해 보일지라도, 꾸준히 물을 주고 가꾸고 돌볼 때 언젠가 지면을 뚫고 싹을 틔울 확률은 높아질 것이다. 희망은 불가능해 보이는 순간에 가장 빛난다. 확실한 희망은 더 이상 희망이 아니며, 거친 사막에서도 꽃은 피어난다. 반드시 피어날 것을 믿으며 꽃의 길을 나아가자.

Important Expressions

steady care _____ 꾸준한 돌봄

tend _____ 돌보다, 보살피다

nurture _____ (잘 자라도록) 양육하다〔보살피다〕

break through _____ ~을 돌파하다

trust in _____ ~을 믿다

walk forward _____ 앞으로 나아가다

Imagine

☐   ☐

☐   ☐

☐   ☐

Don't feel ashamed for falling down. Failing only proves that you tried. Sometimes stepping back is the only way to see the bigger picture. The frustration you feel now will eventually become the stepping stone to a better tomorrow.

넘어졌다고 부끄러워하지 말라. 실패는 당신이 노력했다는 증거일 뿐이다. 때로는 한 걸음 물러나는 것이 더 큰 그림을 보기 위한 유일한 방법일 수 있다. 지금 느끼는 좌절감은 결국 더 나은 내일을 위한 디딤돌이 될 것이다.

feel ashamed _____ 부끄러워하다
bigger picture _____ 더 큰 그림
frustration _____ 좌절감
stepping stone _____ 디딤돌
better tomorrow _____ 더 나은 내일

Don't
_____

☐   ☐

☐   ☐

☐   ☐

Wounds hurt—they sting, they ache, and sometimes they feel like they'll never heal. But they don't make you weaker; if anything, they show you how strong you really are. Every wound carries a lesson, teaching you what truly matters and reminding you of the things in life that hold you steady when everything feels unsteady. A wound isn't just a mark left behind; it's a proof that you've endured and are still standing.

상처는 아프다. 따갑고, 쑤시고, 때로는 결코 치유되지 않을 것처럼 느껴질 때도 있다. 하지만 상처는 당신을 약하게 만들지 않는다. 오히려 당신이 얼마나 강한지 보여준다. 모든 상처는 교훈을 담고 있다. 진정 중요한 것이 무엇인지 가르쳐주고, 모든 것이 흔들릴 때 당신을 지탱해주는 것들을 상기시켜 준다. 상처는 단지 남겨진 흔적이 아니라, 당신이 견뎌내며 여전히 서 있다는 증거다.

sting	따갑다
ache	쑤시다
heal	치유되다
proof	증거

Wounds

☐   ☐

☐   ☐

☐   ☐

Your thoughts create your reality. Positive thinking isn't about ignoring challenges but focusing on possibilities. When you believe in better outcomes, you create the energy to make them happen.

당신의 생각은 당신의 현실을 창조한다. 긍정적인 생각이란 도전을 외면하는 것이 아니라 가능성에 집중하는 것이다. 결과가 더 나으리라는 것을 믿을 때, 그 믿음을 실현시킬 에너지를 만들 수 있다.

create	창조하다, 만들어내다
reality	현실
positive thinking	긍정적인 생각
possibility	가능성
outcome	결과

Date   .   .

Your

☐   ☐

☐   ☐

☐   ☐

157

Patience is not about waiting but about how you behave while waiting. It's in the ability to stay calm, keep faith, and trust that the right time will come. True patience is a quiet strength.

인내는 단순히 기다리는 일이 아니라, 기다리는 동안 어떤 행동을 하느냐에 달려 있다. 평온함을 유지하고, 믿음을 간직하며, 적절한 때가 올 것이라는 것을 믿는 능력이 바로 인내다. 진정한 인내는 조용한 힘이다.

patience _____ 인내
behave _____ 행동하다
stay calm _____ 차분함을 유지하다
faith _____ 믿음
trust _____ 신뢰하다; 신뢰

Date . .

Patience

☐   ☐

☐   ☐

☐   ☐

You don't have to travel far to feel the magic of adventure. It's not about how far you go; it's about how present you are in the experience. Even a short walk or a weekend trip can leave you feeling inspired and recharged.

모험의 마법을 느끼기 위해 멀리 여행할 필요는 없다. 얼마나 멀리 가느냐가 중요한 것이 아니라, 그 경험에 얼마나 몰입하느냐가 중요하다. 짧은 산책이나 주말 여행조차도 당신으로 하여금 영감을 받고 다시 에너지를 충전하게 만들 수 있다.

Important Expressions

travel far _____ 멀리 여행하다
magic of adventure _____ 모험의 마법
present _____ (사람/사물이 ~에) 있는, 존재하는
feel inspired and recharged _____ 영감을 받고 다시 에너지를 충전하다

You

The beauty of travel lies in its unpredictability. Plans might change, and things may not always go smoothly, but those unplanned moments often lead to the most unforgettable experiences. Maybe it's a hidden café you stumbled upon by chance, or a conversation with a stranger who became a friend. Travel reminds us to let go of control and embrace the unexpected, knowing that the best stories often come from the detours.

여행의 아름다움은 예측할 수 없음에 있다. 계획이 바뀌거나 일이 항상 순조롭지 않을 수도 있지만, 그런 계획되지 않은 순간들이 종종 가장 잊을 수 없는 경험으로 이어진다. 우연히 발견한 숨겨진 카페일 수도 있고, 친구가 된 낯선 사람과의 대화일 수도 있다. 여행은 우리에게 통제하려는 마음을 내려놓고 예상치 못한 일을 받아들이라고 일깨운다. 가장 멋진 이야기는 종종 돌아가는 길에서 나온다는 것을.

Important Expressions

unpredictability _____ 예측할 수 없음

stumble upon _____ ~을 우연히 발견하다

stranger _____ 낯선 사람

embrace the unexpected _____ 예상치 못한 것을 받아들이다

detour _____ 우회로, 돌발 상황

The

The ability to shape the future stems from the decisions we make today. Hope isn't something you wait for; it's something you create. Every time you choose to look for solutions instead of problems, you build hope. It's an active choice, one that transforms obstacles into opportunities.

미래를 만드는 힘은 현재의 결정에서 비롯된다. 희망은 기다리는 것이 아니라 만들어내는 것이다. 문제 대신 해결책을 찾기로 선택할 때마다 당신이 희망을 만들어가는 것이다. 희망은 능동적인 선택으로, 장애물을 기회로 변화시킨다.

stem from _____	~으로부터 나오다, 자라나다, 비롯되다
something you create _____	당신이 만들어내는 것
look for solutions _____	해결책을 찾다
active choice _____	능동적인 선택
transform A tinto B _____	A를 B로 변형시키다, 바꾸어놓다

The

"If you come at four o'clock, I'll begin to feel happy from three." The promise between the Little Prince and the fox beautifully illustrates the value of trust and relationships. The fox tells the Little Prince, "You must tame me," teaching that the process is built on promises and responsibility. If a promise is broken, it's essential to acknowledge it with honesty and offer a sincere apology. What defines you isn't the mistake itself, but the way you choose to make things right.

"네가 4시에 온다면, 나는 3시부터 행복해지기 시작할 거야." 어린 왕자와 여우의 약속은 신뢰와 관계의 가치를 잘 보여준다. 여우는 어린 왕자에게 "너는 나를 길들여야 해."라고 말하며 그 과정이 약속과 책임으로 이루어져 있음을 가르친다. 만약 약속이 깨진다면, 정직하게 인정하고 진심 어린 사과를 하는 것이 중요하다. 당신을 정의하는 것은 '실수'가 아니라, 그것을 바로잡기 위해 선택하는 '방법'이다.

tame _____ 길들이다

responsibility _____ 책임

acknowledge _____ 인정하다

sincere _____ 진심 어린

make things right _____ 일을 바로잡다

Date . .

"If

□   □

□   □

□   □

Broken trust feels like shattered glass——it's painful, jagged, and seemingly impossible to piece back together. The process of repair requires time, delicate effort, and unwavering honesty. While the cracks may always remain as reminders of what was broken, they can be filled and reinforced, transforming the glass into something more resilient, more beautiful, and far stronger than it ever was before. Trust isn't about perfection; it's about showing up, even when it's hard.

깨진 신뢰는 산산조각 난 유리와도 같다. 고통스럽고, 날카롭고, 다시 맞추는 것이 불가능해 보인다. 이를 복구하는 과정에는 시간과 섬세한 노력, 그리고 흔들리지 않는 정직함이 필요하다. 금 간 흔적은 깨졌던 순간을 떠올리게 할 수 있지만, 그 틈은 메워지고 보강될 수 있다. 그렇게 되면 유리는 이전보다 훨씬 더 단단하고, 아름답고, 강인한 모습으로 거듭난다. 신뢰는 완벽함이 아니다. 어려운 순간에도 그 자리를 지키는 데서 비롯된다.

shattered glass	산산조각 난 유리
jagged	삐죽삐죽한, 들쭉날쭉한
piece together	~을 조립하다, 짜맞추다
delicate effort	섬세한 노력
unwavering honesty	흔들리지 않는 정직함
reinforce	강화하다, 보강하다
transform into something stronger	더 강한 무언가로 변화시키다

Broken

☐   ☐

☐   ☐

☐   ☐

The way we carry life's burdens defines the path we take, not their weight. It's how we choose to carry them that makes all the difference. Think of two people carrying the same load—one struggles and stumbles, while the other finds balance and grace. The same weight, yet such different experiences. This isn't about the size of our challenges, but about our approach to facing them. When we learn to carry our burdens with wisdom and purpose, even the heaviest loads become manageable.

우리가 인생의 짐을 짊어지는 방식이 우리의 길을 결정한다. 그 무게가 결정하는 것은 아니다. 우리가 그 짐을 어떻게 짊어질지를 선택하는 방식이 모든 차이를 만든다. 같은 짐을 진 두 사람을 떠올려보자. 한 사람은 힘들어하며 비틀거리지만, 다른 사람은 균형과 우아함을 찾아낸다. 같은 무게지만, 완전히 다른 경험이다. 이는 도전의 크기가 아니라, 그것을 마주하는 우리의 접근 방식에 관한 것이다. 우리가 지혜와 목적을 가지고 짐을 짊어지는 법을 배울 때, 가장 무거운 짐도 감당할 수 있게 된다.

Important Expressions

carry life's burdens _____ 인생의 짐을 지다
struggle and stumble _____ 고군분투하고 비틀거리다
manageable _____ 관리할 수 있는, 다룰 수 있는

The

□   □

□   □

□   □

The real power in life lies not in controlling what happens to us, but in mastering how we respond. Every moment presents us with a choice—not about what occurs, but about how we meet it. Think of life as a dance where we can't choose the music, but we can choose our steps. Our responses shape our reality far more than our circumstances do. In this way, we become the architects of our experience, building meaning from whatever materials life provides.

인생의 진정한 힘은 우리에게 일어나는 일을 통제하는 데 있는 것이 아니라, 우리가 그것에 어떻게 반응할지를 마스터하는 데 있다. 모든 순간은 우리에게 선택을 제공한다. 무슨 일이 일어나는지가 아니라, 그 일을 우리가 어떻게 받아들이는지에 대한 선택이다. 인생이 음악을 선택할 수는 없지만 우리의 스텝은 선택할 수 있는 춤이라고 생각해보자. 우리의 반응은 주어진 환경보다 훨씬 더 크게 우리의 현실을 형성한다. 이런 방식으로 우리는 경험의 건축가가 되어, 인생이 제공하는 어떤 재료로든 의미를 만들어낸다.

respond	반응하다, 응답하다
circumstances	상황, 환경
architect	설계자
material	재료

The

☐   ☐

☐   ☐

☐   ☐

A Word is dead

By Emily Dickinson

A word is dead
When it is said,
Some say.

I say it just
Begins to live
That day.

말은 죽는다

에밀리 디킨슨

어떤 이는 말하길,
입 밖에 나오는 순간
말은 죽는다.

하지만 나는 말하네,
말은 나온 바로
그날부터 살아가기 시작한다고.

A

☐   ☐

☐   ☐

☐   ☐

Chapter 5.

A true relationship is two imperfect people
refusing to give up on each other.

진정한 관계 맺음이란, 두 명의 불완전한 사람이
서로를 포기하지 않는 일이다.

Unknown (작자 미상)

Every relationship is basically no different from a lesson. Whether long or short, each connection leaves behind a teaching or a new perspective. Be thankful for those who have left, and show respect to those who stay by your side. In life, no one is without purpose, and no experience is meaningless.

모든 관계는 기본적으로 모두 하나의 수업이나 다름없다. 길든 짧든 모든 관계가 당신의 인생에 머물며 당신에게 교훈이나 새로운 관점을 남긴다. 그러니 떠난 사람들에게는 감사함을 느끼고, 현재 함께하는 이들에게는 존중하는 마음을 표현하라. 인생에 무의미한 존재란 없고, 무의미한 사건도 없다.

perspective _____ 관점

thankful _____ 감사하는

respect _____ 존경

without purpose _____ 목적이 없는

meaningless _____ 의미 없는

Every

☐   ☐

☐   ☐

☐   ☐

Every connection you make shapes you in some way. Some teach you, some challenge you, and some stay by your side through it all. Cherish each one for the role it plays in your growth.

당신이 맺는 모든 관계는 어떤 방식으로든 당신을 형성한다. 어떤 관계는 당신을 가르치고, 어떤 관계는 도전하게 하며, 어떤 관계는 모든 것을 함께하며 당신 곁에 머물러준다. 각 관계가 당신의 성장에 기여하는 역할을 소중히 여기라.

Important Expressions

challenge someone _____ ~를 도전하게 하다
stay by side _____ 곁에 머물다
cherish each one _____ 각각을 소중히 여기다

180

Every

☐   ☐

☐   ☐

☐   ☐

In any relationship, there will be disagreements, but how you handle them makes all the difference. Instead of trying to "win," focus on listening, understanding, and finding common ground. Sometimes, the greatest breakthrough is in choosing to forgive.

어떤 관계에서도 의견 차이는 벌어진다. 하지만 그것을 어떻게 처리하느냐가 모든 차이를 만든다. '이기려는' 대신 듣고, 이해하며, 공통점을 찾는 데 집중하라. 때로는 용서를 선택하는 것이 가장 큰 돌파구가 된다.

Important Expressions

disagreement _____ 의견 차이

handle _____ 처리하다

find common ground _____ 공통점을 찾다

breakthrough _____ 돌파구

choose to forgive _____ 용서하기로 선택하다

Date . .

In

Building a meaningful connection doesn't happen overnight. It takes time, trust, and shared experiences. Be patient with the process, and don't be afraid to show your true self. The right people will see your imperfections not as flaws, but as reasons to stay.

의미 있는 관계를 구축하는 것은 하루아침에 이루어지지 않는다. 의미 있는 관계에는 시간, 신뢰, 그리고 공유된 경험이 필요하다. 그 과정을 인내심 있게 받아들이고, 당신의 진정한 모습을 드러내는 것을 두려워하지 말라. 좋은 사람들은 당신의 불완전함을 결점이 아니라 머물 이유로 여길 것이다.

build a meaningful connection _____ 의미 있는 관계를 구축하다

not happen overnight _____ 하루아침에 이루어지지 않다

be patient with the process _____ 과정을 인내심 있게 받아들이다

one's true self _____ 진정한 모습을 드러내다

imperfection _____ 불완전함

flaw _____ 결점

Building

A small act of kindness that feels insignificant to you may become a guiding light for someone struggling. Sacrifice is simply another form of care. Your small and quiet acts of kindness can become a powerful force that may save someone.

비록 당신에게 사소하게 느껴지는 작은 배려의 행동이 누군가가 고군분투할 때 그의 길을 밝히는 빛이 될 수도 있다. 희생의 다른 말은 배려다. 당신의 작고 조용한 배려가 엄청난 영향력이 되어 누군가를 구원하게 될 수도 있다.

insignificant _____ 중요하지 않은
guiding light _____ 길잡이, 인도하는 빛
struggling _____ 고군분투하는
sacrifice _____ 희생

A

☐   ☐

☐   ☐

☐   ☐

Misunderstandings are inevitable in any relationship, but how you handle them matters. While imagining the worst and doubting others, the one who suffers the most is yourself. Communication requires patience and a willingness to see things from someone else's perspective. When you approach conversations with curiosity instead of judgment, even conflicts can lead to greater understanding.

오해는 어떤 관계에서도 피할 수 없지만, 그것을 어떻게 처리하느냐가 중요하다. 최악의 상황을 가정하고 상대를 의심하는 동안, 누구보다 괴로운 것은 바로 나 자신이다. 소통은 인내와 함께 상대방의 관점에서 사물을 보려는 의지를 요구한다. 판단 대신 호기심으로 대화를 접근하면, 갈등조차도 더 큰 이해로 이어질 수 있다.

misunderstanding _____ 오해
handle _____ 처리하다
imagine the worst _____ 최악을 상상하다
lead to greater understanding _____ 더 큰 이해로 이어지다

Misunderstandings

☐   ☐

☐   ☐

☐   ☐

A German word, "schadenfreude," which describes the secret pleasure one feels from another's misfortune or pain. Humans, by nature, can find enjoyment in the suffering of others. This is why friends who celebrate your victories without jealousy are so valuable. True friends are the ones who help you see your worth when you're tempted to underestimate yourself.

'샤덴프로이데(schadenfreude)'라는 독일어가 있다. 다른 사람의 불행이나 고통에서 은밀한 기쁨을 느끼는 상태를 뜻하는 단어다. 인간은 기본적으로 타인의 고통을 즐거워한다. 질투 없이 당신의 승리를 축하하는 친구가 값진 이유다. 진정한 친구는 당신이 스스로를 평가절하하고 있을 때 당신이 얼마나 값진 존재인지 깨닫게 해주는 사람들이다.

Important Expressions		
secret pleasure	_____	은밀한 기쁨
misfortune	_____	불행
suffering	_____	고통
valuable	_____	소중한
underestimate	_____	과소평가하다

A

☐   ☐

☐   ☐

☐   ☐

Don't look for perfect people to keep by your side. Good relationships are not built with perfect people, but with those who recognize and accept each other's flaws. Disagreements and misunderstandings will happen. What matters is whether the person still believes in you, even after knowing all your imperfections.

당신의 곁에 완벽한 사람을 두려고 하지 말라. 좋은 관계는 완벽한 사람이 아니라, 서로의 결점을 인정하고 받아들이는 사람과 맺게 되는 것이다. 다툼과 오해는 당연히 있을 수 있다. 중요한 것은 당신의 모든 결점을 알고 난 후에도, 당신을 믿어주는 사람인지의 여부다.

keep by one's side _____ ~의 곁에 두다

recognize _____ 인지하다

flaw _____ 결점

disagreement _____ 의견 충돌

misunderstanding _____ 오해

imperfection _____ 불완전함

Don't

☐   ☐

☐   ☐

☐   ☐

The heart of genuine connection in relationships is found in how we communicate. It isn't about perfect words or smooth conversations; it's about truly listening to the other person. It means focusing on understanding, not just waiting for your turn to respond. Strong relationships aren't built on perfection; they're built on presence, on showing up for each other and making sure the other person feels seen and heard. Misunderstandings will happen, but that doesn't mean you have to create distance because of it. The real magic happens when you make the effort to see the world through someone else's eyes, even when it's hard. In the end, it's those honest, meaningful exchanges that create the deepest and most lasting bonds.

진정한 관계의 핵심은 우리가 소통하는 방식에서 찾아볼 수 있다. 소통은 완벽한 말이나 매끄러운 대화를 하는 것이 아니라 상대의 이야기를 오롯이 듣는 데 있다. 그저 대답하려고 기다리는 것이 아니라 이해하기 위해 집중하는 것이다. 강한 관계는 완벽함에서 비롯되지 않는다. 서로를 위해 나타나는 존재감에서 비롯된다. 상대방이 존중받고 이해받고 있다는 느낌을 받게 하라. 오해는 일어날 수 있지만, 그로 인해 반드시 거리를 둘 필요는 없다. 진정한 마법은 아무리 어렵더라도 타인의 시각으로 세상을 보려고 노력할 때 일어난다. 결국, 가장 깊고 오래 지속되는 유대감을 만드는 것은 바로 그런 정직하고 의미 있는 교감이다.

genuine connection	진정한 관계
smooth conversations	매끄러운 대화
focus on understanding	이해하는 데 집중하다
show up for each other	서로를 위해 나타나다
meaningful exchanges	의미 있는 교감

Date　　.　.

The

An unconditional heart is where the essence of love begins. True love is not measured by how perfect it is but by how much it can embrace. It is choosing to love even after seeing the flaws of the other person. Love does not demand perfection; it simply asks for kindness.

사랑의 본질은 조건 없는 마음에서 시작된다. 진정한 사랑은 얼마나 완벽하냐가 아니라, 얼마나 수용할 수 있는지로 판가름 난다. 상대의 결점을 보고도 여전히 사랑하기로 선택하는 것이다. 사랑은 완벽함을 요구하지 않고, 단지 친절함을 요구한다.

Important Expressions

unconditional _____ 조건 없는

essence _____ 기초, 본질

embrace _____ 포용하다, 수용하다

flaw _____ 결점

kindness _____ 친절

An

☐   ☐

☐   ☐

☐   ☐

Saying 'no' often feels difficult. Especially in close relationships, rejection can feel like building a wall. However, saying 'no' doesn't drive relationships apart; it is an essential part of building healthy connections. A healthy relationship is formed when you protect your energy, set necessary boundaries, and can honestly say 'no.' The more open and honest the conversation, the stronger the relationship becomes.

"아니오"라고 말하는 일이 어렵게 느껴질 때가 많다. 특히 친밀한 관계에서 거절은 마치 벽을 세우는 일처럼 느껴질 수도 있다. 하지만 "아니오"라고 말하는 것은 관계를 멀어지게 하는 것이 아니라, 오히려 건강한 관계를 만드는 데 꼭 필요한 부분이다. 건강한 관계란 자신의 에너지를 지키고, 필요한 경계를 세우며, 솔직하게 "아니오"라고 말할 수 있을 때 형성된다. 터놓고 솔직하게 대화할수록, 관계는 더 단단해진다.

Important Expressions		
rejection	거절	
build a wall	벽을 쌓다	
drive apart	멀어지게 하다	
essential part	필수적인 부분	
healthy ralationship	건강한 관계	
set necessary boundary	필요한 경계를 설정하다	

Saying

☐   ☐

☐   ☐

☐   ☐

If you love someone, pay attention to their small and seemingly insignificant moments. Love is found in the simplest acts—a warm smile, a gentle word, or a listening ear. It's not about grand gestures but about being present for one another in the small, everyday moments.

당신이 누군가를 사랑한다면 그의 작고 사소한 순간에 주목하라. 사랑은 따뜻한 미소, 부드러운 말, 그리고 귀기울여 듣는 것 같은 가장 단순한 행동 속에 있다. 사랑은 거창한 행동이 아니라, 서로에게 매일의 작은 순간마다 존재하는 것이다.

Important Expressions

pay attention to _____ ~에 주목하다, 집중하다

seemingly _____ 겉보기에는, 언뜻 보기에

simple acts _____ 단순한 행동

gentle word _____ 부드러운 말

be present for one another _____ 함께 있어주다

If

□   □

□   □

□   □

To trust someone is to let them see the parts of you that aren't perfect—the stories you keep hidden, the flaws you don't show to everyone. It's a leap of faith, and it takes courage to offer that kind of vulnerability. Even if trust has been broken before, it can be rebuilt, one honest conversation at a time.

누군가를 신뢰한다는 것은 당신의 완벽하지 않은 부분들, 즉 숨겨둔 이야기들, 모두에게 보여주지 않는 결점들을 그들에게 보여주는 것을 의미한다. 이는 신뢰의 도약이며, 그런 취약함을 내보이는 데는 용기가 필요하다. 이미 신뢰가 깨졌더라도, 정직한 대화를 통해 한 번에 다시 구축될 수 있다.

Important Expressions

parts of you that aren't perfect _____ 완벽하지 않은 당신의 부분들
leap of faith _____ 신뢰의 도약
offer vulnerability _____ 취약함을 내보이다
trust has been broken _____ 신뢰가 깨졌다
honest conversation _____ 정직한 대화

To

☐ ☐

☐ ☐

☐ ☐

Showing up on time for an appointment with a friend isn't just about keeping the appointment; it's a way of saying, 'You are important to me.' A promise is more than just a few words—it's a commitment to honor the trust someone has placed in you. When you keep a promise, you're not only showing respect for them but also proving to yourself that your word matters. It's a reflection of your character and your intentions.

만일 친구와 정해진 시간에 만나기로 한 약속을 지킬 때, 당신은 단순히 그와의 약속을 지킨 것뿐만 아니라 "당신은 내게 매우 중요하다"는 메시지를 전달한 것이나 다름없다. 약속은 몇 마디 말 그 이상의 의미다. 누군가가 당신에게 건넨 신뢰를 존중하겠다는 다짐이다. 약속을 지킬 때, 당신은 상대방에 대한 존경심을 보여줄 뿐만 아니라, 당신의 말이 신뢰할 만하다는 것을 스스로에게 증명한다. 그것은 당신의 인성과 의도를 드러낸다.

<table>
<tr><td rowspan="6">Important Expressions</td><td>show up</td><td>나타나다, 도착하다</td></tr>
<tr><td>on time</td><td>제시간</td></tr>
<tr><td>commitment</td><td>헌신, 다짐</td></tr>
<tr><td>keep a promise</td><td>약속을 지키다</td></tr>
<tr><td>matter</td><td>중요하다</td></tr>
<tr><td>intention</td><td>의도</td></tr>
</table>

Showing

☐   ☐

☐   ☐

☐   ☐

Trust is earned, not given. It grows when actions match words, when promises are kept, and when people show up for you, even when it's inconvenient. It might take time to build, but once it's there, it can carry the weight of life's heaviest challenges.

신뢰는 주어지는 것이 아니라 스스로 얻어내는 것이다. 행동이 말과 일치할 때, 약속이 지켜질 때, 어려운 상황에서도 사람들이 당신을 위해 나타날 때 신뢰는 비로소 자라난다. 신뢰를 구축하는 데는 시간이 걸릴 수도 있지만, 일단 쌓이고 나면 삶의 가장 무거운 도전조차도 견딜 수 있게 한다.

trust is earned _____	신뢰는 얻어내는 것이다
actions match words _____	행동이 말과 일치하다
promises are kept _____	약속이 지켜지다
carry the weight _____	무게를 견디다
heaviest challenges _____	가장 무거운 도전

Trust

☐   ☐

☐   ☐

☐   ☐

Unity is the foundation of true strength. Like strands woven together to form an unbreakable rope, we find our greatest power not in isolation but in connection. When we stand united, our individual strengths multiply, creating a force far greater than the sum of its parts. But when divided, even the strongest among us become vulnerable.

연대는 진정한 힘의 기초다. 끊어지지 않는 밧줄을 만들기 위해 함께 엮인 가닥들처럼, 우리는 고립이 아닌 연결 속에서 가장 큰 힘을 발견한다. 하나로 뭉칠 때, 우리 각자의 힘은 배가 되어 부분의 합보다 훨씬 더 큰 힘을 만든다. 하지만 분열될 때, 우리 중 가장 강한 이들조차도 취약해진다.

Important Expressions

foundation _____ 기초

strands woven together _____ 함께 엮인 가닥들

unbreakable rope _____ 끊어지지 않는 밧줄

multiply _____ 배가되다

divided _____ 나누어진

vulnerable _____ 취약한

Unity

☐   ☐

☐   ☐

He Wishes for the Cloths of Heaven

By William Butler Yeats

Had I the heavens' embroidered cloths,
Enwrought with golden and silver light,
The blue and the dim and the dark cloths
Of night and light and the half light,
I would spread the cloths under your feet
But I, being poor, have only my dreams;
I have spread my dreams under your feet;
Tread softly because you tread on my dreams.

하늘의 천

윌리엄 버틀러 예이츠

천상의 수놓인 천이 내게 있다면,
황금빛과 은빛으로 수놓인 천을,
밤과 빛과 어스름의
파랗고 희뿌옇고 검은 천을,
그대 발 아래 펼쳐 드리리라,
그러나 나는 가난해 오직 꿈뿐이니
그대 발 아래 내 꿈을 펼쳐 두었네
살며시 걸으시오, 그대는 내 꿈 위를 걷고 있기에.

Date . .

He

Chapter 6.

Life is not about waiting for the storm to pass;
it's about learning to dance in the rain.

인생은 폭풍이 지나가길 기다리는 일이 아니라,
비 속에서 춤추는 법을 배우는 일이다.

Vivian Greene (비비안 그린)

Just for one moment, have you looked up at the sky during your day? Pause and focus on the feeling of the world around you—the hues of the sky and clouds, the gentle touch of the air on your fingertips, the solid ground beneath your feet, and the soft warmth of sunlight on your skin. Noticing these small sensations is a profound way to reconnect with your life. Focusing on the present, even briefly, helps center your heart amidst the noise of life.

하루 중 단 한 순간이라도, 하늘을 올려다 본 적이 있는가. 잠시 멈춰서 주변 세계의 질감에 집중해 보자. 하늘과 구름의 색, 손끝에 닿는 공기의 부드러움, 내가 걷고 있는 땅의 단단함, 그리고 피부에 스치는 햇살의 부드러운 따스함까지. 이러한 작은 감각을 느끼는 것은 나의 삶과 연결되는 강력한 방법이다. 잠시라도 현재에 집중하는 것은 혼란 속에서도 마음의 중심을 잡게 해준다.

Important Expressions

focus on _____ 집중하다

hue _____ 색조

solid ground _____ 단단한 땅

notice _____ 인식하다

profound _____ 깊은, 심오한

amidst the noise of life _____ 삶의 소음 속에서

Just

☐   ☐

☐   ☐

☐   ☐

The storms of life are inevitable—those moments when rain pours and thunder rolls through our lives. But what if instead of waiting for these storms to pass, we learned to find joy in the midst of them? Life isn't about standing still until perfect conditions arrive. It's about learning to move gracefully even when the ground is wet beneath our feet. When we learn to dance in the rain, we discover that joy isn't about waiting for ideal circumstances—it's about creating our own rhythm in whatever weather life brings.

인생의 폭풍은 피할 수 없는 일이다. 비가 쏟아지고 천둥이 우리의 삶을 울리게 된다. 하지만 이런 폭풍이 지나가기를 기다리는 대신, 그 한가운데서 기쁨을 찾는 법을 배운다면 어떨까? 인생은 완벽한 조건이 올 때까지 가만히 서 있는 일이 아니다. 발 밑의 땅이 젖어 있어도 우아하게 움직이는 법을 배우는 일이다. 비 속에서 춤추는 법을 배울 때, 우리는 기쁨이 이상적인 환경을 기다리는 것이 아니라, 인생이 주는 어떤 날씨 속에서도 우리만의 리듬을 만들어내는 일임을 발견하게 된다.

Important Expressions

inevitable _____ 불가피한
in the midst of _____ ~의 한가운데에서
ideal circumstances _____ 이상적인 상황

216

The

Recovery comes when you stop running from your pain and start listening to what it's teaching you. Every hurt holds a lesson, and every tear waters the seeds of growth within you.

치유는 고통에서 도망치기를 멈추고 그 고통이 당신에게 무엇을 가르치는지 귀 기울이기 시작할 때 찾아온다. 모든 상처는 교훈을 담고 있으며, 모든 눈물은 당신 안에 있는 성장의 씨앗에 물을 준다.

stop running from pain _____ 고통에서 도망치는 것을 멈추다

listen to what it's teaching you _____ 그것이 당신에게 가르치는 것에 귀 기울이다

every hurt holds a lesson _____ 모든 상처는 교훈을 담고 있다

tears water the seeds of growth _____ 눈물이 성장의 씨앗에 물을 주다

Recovery

☐   ☐

☐   ☐

☐   ☐

No matter how loud the world gets, the strength to find stillness lies inside you. True peace doesn't come from fixing everything around you; it comes from learning to sit with things as they are, without judgment or resistance. Peace isn't something you find outside—it's something you cultivate deep within yourself.

세상이 아무리 시끄러워도, 고요를 찾는 힘은 당신 안에 있다. 진정한 평화는 주변의 모든 것을 고치면서 오는 것이 아니다. 있는 그대로의 것을 판단하거나 저항하지 않고 함께하는 법을 배우는 데서 온다. 평화는 밖에서 찾는 것이 아니라, 당신 내면 깊숙이 길러내는 것이다.

Important Expressions

strength to find stillness _____ 고요를 찾는 힘
without judgment _____ 판단 없이
resistance _____ 저항
cultivate deep within _____ 내면 깊이 길러내다

220

No

☐   ☐

☐   ☐

☐   ☐

The true value of life begins with fully taking in the present moment. Mindfulness is simply being here, now. It's noticing the sound of your breath, the feel of the wind, or the warmth of the sun. When you focus on the present, worries about the past and future fade away.

삶의 진정한 가치는 현재를 온전히 느끼는 데서 시작된다. 마음챙김은 단순히 여기, 지금에 존재하는 것이다. 당신의 숨소리, 바람의 느낌, 또는 햇살의 따스함을 느끼는 일이다. 현재에 집중하면, 과거와 미래에 대한 걱정이 사라질 수 있다.

mindfulness _____ 마음챙김

focus on the present _____ 현재에 집중하다

fade away _____ 사라지다

The

☐ ☐

☐ ☐

☐ ☐

It's perfectly fine to take as much rest as you need. You are not a machine, and not giving your absolute best every single moment doesn't make you useless. Give yourself the gift of rest. Rest isn't indulgence; it's a sign of wisdom.

필요한 만큼 쉬어도 정말 괜찮다. 당신은 기계가 아니며, 모든 순간 죽을 것 같은 최선을 다하지 않는다고 해서 쓸모없는 사람이 되는 것도 아니다. 자신에게 휴식을 선물하라. 쉼은 탐닉이 아니라 현명함의 증거다.

Important Expressions

take as much rest as you need _____ 당신이 필요한 만큼 쉬다
give one's best _____ 최선을 다하다
make someone useless _____ ~를 쓸모없게 만들다
indulgence _____ 탐닉, 사치, 방종

2 2 4

It's

☐   ☐

☐   ☐

☐   ☐

The dreams you hold are not random; they are glimpses of the potential within you. See your dreams not as fleeting desires, but as visions you can achieve. Work toward them with intention and gratitude, knowing that every step counts.

당신이 가진 꿈은 단순한 우연이 아니다. 당신 안에 있는 가능성의 일면이다. 꿈을 단순한 순간의 바람으로 보지 말고, 당신이 성취할 수 있는 비전으로 생각하라. 꿈을 향해 의도적이고 감사한 마음으로 나아가라. 모든 걸음이 중요하다는 사실을 잊지 말라.

dreams are not random _____ 꿈은 단순한 우연이 아니다

glimpses of potential _____ 가능성의 일면

every step counts _____ 모든 걸음이 중요하다

The

"And those who were seen dancing were thought to be insane by those who could not hear the music." This quote reminds us that the more creative and original we are, the more likely we are to face criticism and misunderstanding. Let others think what they will; what truly matters is the joy we feel while we dance.

"춤추는 사람은 음악을 듣지 못하는 사람에게 미친 사람으로 보인다."이 말은 창의적이고 독창적인 사람일수록 비난과 오해도 받기 쉽다는 것을 일깨워준다. 남들은 멋대로 생각하라고 하자. 진정으로 중요한 것은 춤추는 동안에 우리가 느끼는 행복감이다.

Important Expressions

insane _____ 미친

the+비교급, the+비교급 _____ ~할수록 더 …하다

criticism _____ 비판

misunderstanding _____ 오해

let+사람/사물(A)+동사원형(B) _____ A가 B하게 놓아두다, 허락하다

228

"And

☐   ☐

☐   ☐

☐   ☐

Your dream is your compass, pointing you toward a purpose uniquely yours. You may lose your way at times, but as long as you hold onto your vision, you'll find your path again. The journey is as meaningful as the destination, so embrace every step, every detour, and every lesson along the way.

당신의 꿈은 당신만의 독특한 목적을 향해 나아가게 하는 나침반이다. 때로는 길을 잃을 수 있지만, 비전을 붙들고 있는 한, 다시 길을 찾게 될 것이다. 여정은 목적지만큼이나 의미가 있으니, 그 과정의 모든 걸음과 모든 우회로, 그리고 모든 교훈을 받아들이자.

point you toward a purpose _____ 당신에게 목적을 향해 가리키다

hold onto one's vision _____ ~의 비전을 붙들다

embrace every lesson _____ 모든 교훈을 받아들이다

every detour _____ 모든 우회로

Your

When you stop resisting the things you can't control, you free yourself to focus on what truly matters. It's not always easy, but acceptance allows you to breathe a little easier and move forward with grace. Letting go doesn't mean losing—it means making room for serenity to settle in. Acceptance isn't about giving up; it's about making space for what is, without trying to force or fight it.

통제할 수 없는 것들에 저항하기를 멈추면, 당신은 진정으로 중요한 것에 집중할 자유를 얻는다. 항상 쉬운 일은 아니지만, 수용하는 일은 당신을 좀 더 편안하게 숨 쉬게 하고 우아하게 앞으로 나아가게 해준다. 놓아주는 것은 잃는 것이 아니라, 고요가 자리 잡을 공간을 만드는 것이다. 수용은 포기하는 것이 아니다. 억지로 밀거나 싸우려 하지 않고 있는 그대로를 받아들이는 공간을 만드는 일이다.

Date   .   .

When _____

_____
_____
_____
_____
_____
_____
_____
_____
_____
_____
_____
_____
_____
_____
_____
_____
_____
_____
_____
_____
_____
_____

☐   ☐

☐   ☐

☐   ☐

It is said that those who look outward see dreams, while those who look inward find awakening. Understanding your present self is just as vital as imagining your future. Self-awareness is the foundation of all wisdom. The answers to becoming a better version of yourself are already within you.

밖을 바라보는 사람은 꿈을 꾸고 안을 바라보는 사람은 깨어난다는 말이 있다. 그만큼 미래의 나를 그리는 일만큼이나 현재의 나를 이해하는 일이 중요하다. 자신을 아는 것이 모든 지혜의 시작이다. 더 나은 내가 되는 정답은 이미 내 안에 있다.

Important Expressions		
look outward	바깥을 보다
look inward	내면을 들여다보다
awakening	깨달음
vital	중요한
self-awareness	자기 인식
foundation	기초

It

☐ ☐

☐ ☐

☐ ☐

Chasing an ideal version of yourself can create stress and tension. Real comfort comes when you accept yourself just as you are right now. Acceptance doesn't mean giving up; it means understanding that this is where you are and knowing you can still find a way forward.

자신의 이상적인 모습을 쫓다 보면 스트레스를 받거나 긴장하게 될 수 있다. 진정한 편안함은 지금 이 순간의 나를 있는 그대로 받아들일 때 비로소 찾아온다. 받아들임은 체념이 아니라, 지금 이 상태가 있는 그대로의 내 모습이라는 것을 이해하고, 이를 반드시 헤쳐 나갈 방법이 있다는 것을 아는 일이다.

chase _____ 추구하다, 쫓다

ideal version _____ 이상적인 모습

real comfort _____ 진정한 편안함

accept yourself _____ 자신을 받아들이다

give up _____ 포기하다

find a way forward _____ 앞으로 나아갈 길을 찾다

Chasing

☐   ☐

☐   ☐

☐   ☐

The road to inner peace starts with letting go of unrealistic expectations— both for yourself and those around you. Many of us carry the burden of perfectionism, believing that only flawless achievement can bring fulfillment. But perfection is an illusion. Peace begins the moment you embrace your imperfections as part of the whole that makes you uniquely you. This journey to self-acceptance involves letting go of unnecessary attachments to outcomes and control. Inner calm arises when we stop striving to control every aspect and simply trust the process of life.

내면의 평화로 가는 길은 자신과 주변 사람들에 대한 비현실적인 기대를 내려놓는 것에서 시작한다. 우리 중 많은 사람들이 완벽주의의 짐을 지고 있으며, 완벽한 성취만이 만족을 가져올 수 있다고 믿는다. 하지만 완벽함은 환상이다. 평화는 당신의 불완전함을 독특한 당신을 이루는 전체의 일부로 받아들이는 순간 시작된다. 자기 수용의 이 여정은 결과와 통제에 대한 불필요한 집착을 내려놓는 것을 포함한다. 모든 것을 통제하려고 애쓰는 것을 멈추고, 그저 삶의 과정을 믿을 때 내면의 고요함이 찾아온다.

unrealistic expectations _____ 비현실적인 기대

perfectionism _____ 완벽주의

fulfillment _____ 성취감, 만족

attachments to outcomes _____ 결과에 대한 집착

trust the process _____ 과정을 믿다

The

☐   ☐

☐   ☐

☐   ☐

Inner peace is a lifelong path, not a destination you arrive at when circumstances are perfect. When you accept yourself fully, you stop battling against your own nature and allow yourself to exist in harmony. Acceptance requires seeing yourself clearly—not through a critical lens, but through one of compassion. By replacing self-judgment with compassion, we can take on challenges with a sense of calm and steadiness, rather than being driven by inner turmoil.

내면의 평화는 완벽한 상황에서 도달할 수 있는 목적지가 아니라, 평생 동안 걷는 길이다. 자신을 완전히 받아들일 때, 자신의 본성과 싸우는 것을 멈추고 조화롭게 존재할 수 있다. 수용은 자신을 명확히 보기를 요구한다. 대신에 비판적인 시각이 아니라 연민의 시각으로 보기를 원한다. 자신에 대한 판단을 연민으로 대체함으로써, 우리는 내면의 혼란을 겪는 대신, 평온한 안정감을 기반으로 도전할 수 있다.

Important Expressions

lifelong path _____ 평생의 길
circumstances _____ 상황
battle against _____ ~에 대항하다
critical lens _____ 비판적인 시각
steadiness _____ 안정감
turmoil _____ 혼란, 소란

Inner

☐   ☐

☐   ☐

☐   ☐

Real strength is crafted in struggles, not just celebrated in triumphs. Victory might showcase our strength, but it's in the daily battles, the persistent effort, and the unwavering determination that our real power takes shape. Each challenge we face is like a skilled craftsman, carefully molding and strengthening our character, teaching us lessons that success alone never could.

진정한 힘은 투쟁 속에서 만들어지며, 단순히 승리했기 때문에 축하받는 것이 아니다. 승리는 우리의 힘을 보여줄 수 있지만, 진정한 힘은 일상의 싸움과 끈질긴 노력, 흔들림 없는 결심 속에서 형성된다. 우리가 마주하는 각각의 도전은 숙련된 장인처럼 우리의 성격을 조심스럽게 빚어내고 강화하며, 성공만으로는 결코 배울 수 없는 교훈을 가르쳐준다.

Important Expressions

be crafted _____ 공들여 만들어지다

be celebrated _____ 축하받다

persistent _____ 지속적인

unwavering _____ 확고한

determination _____ 결단력

skilled craftsman _____ 숙련된 장인

Real

☐   ☐

☐   ☐

☐   ☐

Solitude is vital for some, a space where their thoughts breathe freely and creativity flourishes. The power of solitude has been understood for generations, shaping the lives of seekers and creators alike. Look at the great seekers—Moses, Buddha, Jesus—who went into the wilderness for revelations. And for creativity, the most brilliant people in history—Darwin, Dr. Seuss, Steve Wozniak—found inspiration in solitude. We need to value and respect that.

고독은 일부 사람들에게 매우 중요한 공간이다. 그곳에서 생각이 자유롭게 숨 쉬고 창의력이 꽃피운다. 고독의 힘은 오랜 세월에 걸쳐 이해되어 왔으며, 탐구자와 창작자의 삶을 형성해 왔다. 모세, 부처, 예수 같은 위대한 탐구자들을 보라. 그들은 계시를 얻기 위해 광야로 갔다. 창의성의 측면에서도, 역사상 가장 뛰어난 사람들인 다윈, 닥터 수스, 스티브 워즈니악은 고독 속에서 영감을 얻었다. 우리는 고독의 가치를 존중하고 인정해야 한다.

Solitude

☐   ☐

☐   ☐

☐   ☐

Many people fear being alone. But time spent alone isn't just about solitude; it's a chance to hear your own voice, the one drowned out by the noise of the world. When surrounded by others, it's easy to speak and act in ways that align with their expectations. Choose to be alone today, not out of isolation, but to focus on your goals, not the desires of others.

많은 사람이 혼자가 되는 것을 두려워한다. 그러나 혼자 있는 시간은 단순한 고독의 시간이 아니라 세상의 소음 때문에 발견하지 못했던 나만의 목소리를 듣는 기회다. 무리 속에 섞여 있을 때는 타인이 내주기를 원하는 목소리와 행동을 할 수밖에 없다. 고립이 아닌 혼자가 되는 것을 선택하라. 타인의 기대가 아닌 나의 목표에 집중하라.

Many

☐

☐

☐

☐

☐

☐

Your mind is your most powerful tool—a force that can shape your entire experience of reality. The outer world may bring its chaos and challenges, but your inner world is your domain of mastery. By understanding that you hold power over your thoughts and responses, you discover a strength that no external circumstance can diminish.

당신의 마음은 가장 강력한 도구다. 현실에 대한 당신의 모든 경험을 형성할 수 있는 힘이다. 외부 세계는 혼란과 도전을 가져오지만, 당신의 내면 세계는 당신이 마스터할 수 있는 영역이다. 당신의 생각과 반응에 대한 통제력을 가지고 있다는 것을 이해함으로써, 외부의 어떤 상황도 감소시킬 수 없는 힘을 발견하게 된다.

Important Expressions

domain of mastery _____ 지배의 영역

power over _____ ~에 대한 힘

thoughts and responses _____ 생각과 반응

external circumstance _____ 외부 상황

diminish _____ 약화시키다

248

Your

Chapter 7.

Be the reason someone smiles.

누군가 미소 짓는 이유가 돼라.

Roy T. Bennett (로이 T. 베넷)

Many believe love is something you 'fall into.' But love doesn't happen in a single perfect moment. It is the choice to stay, even within imperfection.

많은 사람이 사랑은 '빠져드는 것'이라고 생각한다. 그러나 사랑은 완벽한 한 순간에 이루어지는 것이 아니다. 불완전함 속에서 머무르기로 선택하는 것이다.

fall into _____ ~에 빠지다
imperfection _____ 불완전함

Many

☐   ☐

☐   ☐

☐   ☐

People say a good friend isn't the one who hands you an umbrella, but the one who stands with you in the rain. A good friend doesn't always have the answers or the perfect advice, but they show up anyway. Sometimes, just having someone sit with you in silence is enough to remind you that you're not alone.

우산을 건네는 친구가 아니라, 내리는 비를 함께 맞아주는 친구가 좋은 친구라는 말이 있다. 좋은 친구는 항상 답을 가지고 있거나 완벽한 조언을 해주는 사람이 아니다. 그럼에도 불구하고 함께 있어 주는 사람이다. 때로는 그냥 누군가가 당신 곁에 조용히 앉아 있는 것만으로도 당신이 혼자가 아니라는 것을 느끼게 하기에 충분하다.

hand _____	건네다
perfect advice _____	완벽한 조언
show up _____	나타나다
in silence _____	침묵 속에서
remind _____	상기시키다

People

☐   ☐

☐   ☐

☐   ☐

Sometimes, the effort we put into caring for someone doesn't come back to us in the same way. But that doesn't make our feelings any less genuine or meaningful. Love isn't about keeping a tally or expecting an equal exchange; it's about having the courage to open your heart, knowing it might hurt, but choosing to give anyway. Love thrives in vulnerability, in the willingness to share yourself even when the outcome is uncertain.

우리가 누군가를 위해 최선을 다한 마음이 그대로 돌아오지 않을 때가 있다. 그렇다고 해서 그 마음이 덜 진실하거나 덜 의미 있다는 뜻은 아니다. 사랑은 점수를 매기거나 똑같은 보답을 기대하는 것이 아니다. 오히려 상처받을 수 있다는 걸 알면서도 마음을 열고 사랑하기로 선택하는 용기에 관한 것이다. 사랑은 취약함 속에서, 결과가 불확실할 때도 자신을 나누려는 의지 속에서 자라난다.

care for _____ ~를 좋아하다, 돌보다

genuine _____ 진실된

vulnerability _____ 취약성

willingness _____ 기꺼이 하는 마음

outcome _____ 결과

Sometimes,
_____

_____

_____

_____

_____

_____

_____

_____

_____

_____

_____

_____

_____

_____

_____

_____

_____

_____

_____

☐   ☐

☐   ☐

☐   ☐

"Love means giving yourself and, at the same time, making the other person whole." Tolstoy once said this. The goal of love isn't solely personal happiness but the shared growth and enrichment of both individuals. When we recognize that love thrives as a mutual journey, our own happiness naturally follows. True love, when embraced wholeheartedly, becomes the most powerful catalyst for growth—for both you and the one you cherish.

"사랑은 자신을 주는 것이며, 동시에 상대를 완전하게 만드는 것이다." 톨스토이의 말이다. 사랑의 목적은 단순히 나만의 행복이 아니라 두 사람이 함께 성장하고 풍요로워지는 데 있다. 이 상호적인 여정이 사랑임을 이해할 때, 자연스럽게 나의 행복이 충족된다. 진정한 사랑을, 당신이 마음을 다해 받아들일 때, 당신과 상대 모두를 성장시키는 가장 강력한 원동력이 될 것이다.

solely _____ 단지

enrichment _____ 풍요

mutual journey _____ 상호적인 여정

embrace wholeheartedly _____ 마음을 다해 받아들이다

powerful catalyst _____ 강력한 원동력

cherish _____ 소중히 여기다

Love

☐ ☐

☐ ☐

☐ ☐

Love blossoms in the little things—a handwritten note, a tender touch, or a kind gesture. Above all, love is not born from what others do for us, but from the care we offer them. Show others they are valued, and that simple act will return to you as love.

사랑은 사소해 보이는 것들—손으로 쓴 메모, 부드러운 터치, 또는 친절한 행동—사이에서 생겨난다. 무엇보다, 타인이 내게 해주는 것들로부터가 아니라, 내가 타인을 향해 내미는 손길에서 사랑은 태어난다. 상대로 하여금 존중받는다고 느끼게 하자. 그 작은 행동이 사랑으로 돌아올 것이다.

Important Expressions

handwritten note _____ 손으로 쓴 메모
tender touch _____ 부드러운 터치
kind gesture _____ 친절한 행동

260

Love
_____

_____

_____

_____

_____

_____

_____

_____

_____

_____

_____

_____

_____

_____

_____

_____

_____

_____

_____

_____

☐   ☐

☐   ☐

☐   ☐

Imagine standing at the counter to order coffee, and the person with you remembers your favorite drink and orders it for you. Or during a group conversation, someone interrupts, but another person turns to you and asks, 'So, what happened next?' Love doesn't have to be dramatic or grand. It exists in the small, ordinary moments. At first, these gestures may seem insignificant, but over time, they hold the deepest meaning.

커피를 주문하려고 계산대에 섰는데, 함께 있는 사람이 당신이 좋아하는 음료를 기억하고 주문해 준다고 상상해 보라. 혹은 여러 사람이 함께 대화하고 있는 와중에 누군가 끼어들었을 때, 다른 누군가가 당신을 향해 "그래서, 그 다음에 어떻게 됐어요?"라고 묻는다면? 사랑은 극적이거나 웅장할 필요가 없다. 사랑은 사소하고 평범한 순간들 속에 있다. 처음에는 이러한 행동들이 대수롭지 않아 보일지라도 시간이 지나면 가장 깊은 의미를 지니게 된다.

counter	계산대
favorite drink	좋아하는 음료
interrupt	방해하다
gesture	제스처, 몸짓
insignificant	중요하지 않은
deepest meaning	가장 깊은 의미

Imagine

☐   ☐

☐   ☐

☐   ☐

When we smile at the mirror, the mirror can't help but smile back at us. People often think that improving relationships requires something grand. But what truly matters is treating others the way we wish to be treated. This simple mindset becomes the most powerful way to strengthen relationships.

우리가 거울에게 미소를 지으면, 거울도 우리를 향해 미소를 지을 수밖에 없다. 사람들은 종종 대단한 무언가를 해야만 관계가 개선된다고 생각한다. 하지만 진정으로 중요한 것은 우리가 받고자 하는 대로 상대를 대하는 것이다. 이 간단한 사고가 관계를 강화시키는 가장 강력한 방법이 된다.

smile at _____	~을 향해 웃다
smile back _____	웃음이 돌아오다
improve _____	개선하다; 개선되다
something grand _____	거창한 것
simple mindset _____	단순한 사고방식

Date   .   .

When

Love is a language spoken by the heart. It's the warmth that is naturally conveyed in the moments we share, without needing words. What makes love special is that it is a language that only the one person and I can share.

사랑은 마음이 전하는 언어다. 굳이 말로 하지 않아도 함께 있는 순간 자연스럽게 전해지는 따뜻함이다. 다른 어떤 존재도 아닌 오직 그 한 사람과 나눌 수 있는 언어라는 점에서, 사랑은 특별하다.

Important Expressions

warmth _____ 따스함, 따뜻함
convey _____ 전달하다

Date . .

Love

☐   ☐

☐   ☐

☐   ☐

Words carry weight, whether spoken or written. They have the power to heal or to hurt, to connect or to divide. Choose your words carefully, and don't be afraid to apologize when you get it wrong. Sincere communication is about showing respect for the other person's feelings and expressing your own with kindness and honesty.

말은 발화든 글이든 무게를 가지고 있다. 말은 치유하거나 상처를 주고, 연결하거나 분열시킬 수 있는 힘을 가진다. 말을 신중히 선택하고, 잘못 썼을 때 사과하는 것을 두려워하지 말라. 진실한 소통은 상대방의 감정을 존중하고, 자신의 감정을 친절하고 정직하게 표현하는 것에 관한 것이다.

carry weight _____ 무게를 가지다

power to heal or to hurt _____ 치유하거나 상처를 줄 힘

connect or divide _____ 연결하거나 분열시키다

apologize _____ 사과하다

sincere communication _____ 진실한 소통

Words

☐

☐

☐

☐

☐

☐

Silence can be a form of communication, too. Sometimes, just being present and offering your undivided attention speaks volumes. In moments of pain or uncertainty, your willingness to simply sit and listen can mean more than any advice you could give. Simply being there, without trying to fill the silence with words, can be a gift.

침묵도 소통의 한 형태가 될 수 있다. 때로는 단지 그 자리에 함께 있고 온전한 관심을 주는 것이 많은 말을 전달한다. 고통이나 불확실함의 순간에, 단순히 앉아서 들어주려는 의지가 어떤 충고보다 더 큰 의미를 지닐 수 있다. 침묵을 말로 채우려고 하지 않고 그 자리에 있어주는 것 자체가 선물이 될 수 있다.

Important Expressions

silence _____ 침묵

undivided attention _____ 온전한 관심

speak volumes _____ 많은 것을 말하다, 많은 것을 시사하다

willingness to sit and listen _____ 앉아서 들어줄 의지

fill the silence _____ 침묵을 채우다

Silence

☐   ☐

☐   ☐

☐   ☐

"I'll be by your side, no matter what situation you're in." The promises made in hard times often reveal who we really are. When you commit to being there for someone, or to overcoming a challenge, those vows carry a special weight. Keeping those promises shows resilience, strength, and a deep sense of integrity.

"네가 어떤 상황에 처했든, 내가 네 곁에 있을게." 어려운 시기에 한 약속은 종종 우리의 진짜 모습을 드러낸다. 누군가를 위해 함께하겠다고 다짐하거나, 도전을 극복하겠다고 약속할 때, 그런 맹세는 특별한 무게를 지닌다. 그런 약속을 지키는 것은 회복력, 힘, 그리고 깊은 진실성을 보여준다.

Important Expressions

by one's side _____ ~의 곁에
reveal _____ 드러내다
commit to _____ ~에 헌신하다, ~을 약속하다
vow _____ 서약, 맹세
carry a special weight _____ 특별한 의미를 갖다
integrity _____ 정직, 성실

"I'll

☐   ☐

☐   ☐

☐   ☐

"He who fights with monsters must take care not to become a monster himself." When pursuing what is right, the path we take must also reflect justice. The kind of person we are during the struggle matters just as much as the outcome. To overcome darkness, we must be the light that remains untouched by its shadow.

"괴물과 싸우는 사람은 스스로 괴물이 되지 않도록 조심해야 한다." 올바른 일을 행할 때는 그 과정도 정의로워야 한다. 싸움의 결과만큼이나, 그 과정에서 우리가 어떤 존재인지도 중요하기 때문이다. 어둠을 물리치려면 그 그림자에 물들지 않는 빛이 되어야 한다.

Important Expressions

pursue what is right _____ 옳은 것을 추구하다
reflect _____ 반영하다
be untouched by _____ ~에 영향을 받지 않다

2 7 4

"He

Life is a cycle of hellos and goodbyes. Just as no meeting lasts forever, neither do all promises. But the fact that a promise isn't eternal doesn't make it any less meaningful. Promises naturally shift as circumstances change. What remains important is that they were made with honesty and good intent.

삶은 만남과 헤어짐의 연속이다. 모든 만남이 영원할 수 없듯, 모든 약속도 영원할 수는 없다. 그러나 영원하지 않다고 해서 약속의 의미가 덜해지는 것은 아니다. 상황이 변함에 따라 약속도 변하게 마련이다. 그러나 언제나 중요한 것은 그 약속이 우리의 진심과 선한 의도로 이루어졌다는 사실이다.

Important Expressions	
cycle	주기, 순환
hellos and goodbyes	인사와 작별
eternal	영원한
meaningful	의미 있는
shift	변하다, 변화하다
circumstances	상황

Life

☐

☐

☐

☐

☐

☐

"Friendship isn't bound by time or distance," Ralph Waldo Emerson once said. There are friends who feel as close as ever, even if you haven't seen them in ten years. True friendship isn't measured by how often you talk or spend time together, but by the bond that stays strong despite the passing years. No matter how busy life gets or how far apart you grow, with a real friend, you can reconnect effortlessly as if no time has passed.

"시간과 거리가 우정의 결정짓지 않는다." 랄프 월도 에머슨의 말이다. 10년 만에 만났어도 바로 어제 만난 것 같은 친구가 있다. 진정한 우정이란 얼마나 자주 대화하거나 함께 시간을 보내는지가 아니라, 시간이 흘러도 변치 않는 유대감으로 측정된다. 인생이 바쁘거나 서로 멀어졌더라도, 진정한 친구와는 마치 시간이 지나지 않은 것처럼 다시 쉽게 연결될 수 있다.

Important Expressions

be bound by _____ ~에 의해 제한되다
distance _____ 거리
be measured by _____ ~로 측정되다
bond _____ 유대감, 결속력
effortlessly _____ 힘들이지 않고

"Friendship

☐   ☐

☐   ☐

☐   ☐